农业经济与科技发展研究

聂庆芝 ◎ 著

哈尔滨出版社
HARBIN PUBLISHING HOUSE

图书在版编目（CIP）数据

农业经济与科技发展研究 / 聂庆芝著. -- 哈尔滨：
哈尔滨出版社, 2025.1
　　ISBN 978-7-5484-7914-7

　　Ⅰ. ①农… Ⅱ. ①聂… Ⅲ. ①农业经济-经济发展-
研究-中国②农业技术-技术进步-研究-中国 Ⅳ.
①F32

中国国家版本馆 CIP 数据核字（2024）第 102696 号

书　　名：**农业经济与科技发展研究**
NONGYE JINGJI YU KEJI FAZHAN YANJIU

作　　者：聂庆芝　著
责任编辑：李金秋

出版发行：哈尔滨出版社（Harbin Publishing House）
社　　址：哈尔滨市香坊区泰山路 82-9 号　邮编：150090
经　　销：全国新华书店
印　　刷：北京虎彩文化传播有限公司
网　　址：www.hrbcbs.com
E - mail：hrbcbs@ yeah.net
编辑版权热线：（0451）87900271　87900272
销售热线：（0451）87900202　87900203

开　　本：787mm×1092mm　1/16　印张：10.75　字数：187 千字
版　　次：2025 年 1 月第 1 版
印　　次：2025 年 1 月第 1 次印刷
书　　号：ISBN 978-7-5484-7914-7
定　　价：58.00 元

凡购本社图书发现印装错误,请与本社印制部联系调换。

服务热线：（0451）87900279

前　　言

在当今时代,农业经济与科技发展日益受到全球各国的广泛关注。随着人口的增长和资源的有限性,如何提高农业生产效率、保障粮食安全、促进农村经济发展,成为摆在各国面前的重大课题。农业经济是国家经济的重要组成部分,直接关系国家的粮食安全和农业发展。近年来,随着城市化进程的加速和农村土地流转政策的推进,农业生产方式和农村经济结构正在发生深刻变革。因此,研究农业经济的发展趋势和规律,对于指导农业生产和推动农村经济发展具有重要意义。科技是推动农业现代化的核心动力。随着生物技术、信息技术等高新技术的快速发展和应用,农业生产正在实现从传统农业向现代农业的跨越。这些新技术的应用不仅提高了农业生产效率,还为农业生产带来了更多的可能性。因此,深入研究科技与农业经济的融合发展,对于推动农业现代化和农业可持续发展具有重要意义。此外,全球经济一体化的背景下,各国在农业领域的合作与竞争也日益激烈。如何在国际合作中争取更多的话语权和利益,如何在竞争中占据优势地位,都需要对农业经济与科技发展进行深入研究。通过研究国际农业经济与科技发展的动态和趋势,可以为我国制定科学的农业发展战略和政策提供有力支持。

本书基于上述背景,对农业经济与科技发展进行研究,基于理论层面对农业经济、农业信息化的发展进行分析;对我国农业经济调查技术和未来发展展开论述;着重探讨农业科学技术的发展与应用;探讨农业科学技术所面临的机遇和挑战,阐明农业科学技术未来发展方向;对农业经济与科学技术的发展的策略进行阐明,分别从研究与开发子系统、推广服务子系统、农业技术应用子系统等多个角度进行深入分析和研究。

目　　录

第一章　农业和农业经济学

第一节　农　　业

一、农业的含义与特性

(一)农业的含义

农业是一个至关重要的社会物质生产部门,它直接利用太阳能,通过精心照料和培育生物体,生产出各种动植物产品,满足人类的基本生活需求。农业通常指的是植物栽培和动物饲养两个主要领域。在植物栽培方面,人们通过种植、培育和收获各种农作物;在动物饲养方面则是人们通过喂养各种动物,提供适宜的生活环境和营养丰富的饲料,使动物得以健康成长。通过动物体内的酶和消化系统将植物产品分解为简单的营养成分,再合成成为动物性产品,如肉类、蛋类和奶类等。农业的本质是人类利用生物机体的生命力,通过一系列生物和物理过程,将外界环境中的物质和能量进行转化,最终创造出人类所需的生物产品。

农业是国民经济中不可或缺的重要产业部门,它以土地资源为基本生产要素,通过种植和养殖动植物来生产食品、工业原料和纤维等。农业是人类生存和发展的基础,为社会提供了大量的农产品,属于第一产业。广义农业是指包括种植业、林业、畜牧业和渔业在内的四种产业形式。狭义农业则通常指的是种植业,它是农业生产中的核心部分。种植业主要关注农作物的生长和收获。观光农业,又称为休闲农业,是近年来随着乡村旅游的兴起而出现的一种新型农业形式。这种形式的农业不仅关注农作物的生长和收获,更注重对农业、农村景观和农村文化的开发与展示。这些环节可以看作是农业生产的前向和后向延伸,也可以说是农业产业链的延长。即形成农业关联产业或涉农企业。

随着新科学技术革命的兴起，一批新的技术群应运而生，如生物工程技术、新能源技术、微电子技术等。这些技术为解决现代农业带来的问题提供了新的思路和解决方案。这些新技术的应用，不仅可以解决现代农业带来的问题，还可以促进农业的可持续发展。因此，应该积极推动新科学技术革命在农业中的应用，为农业的发展注入新的动力和活力。

自 20 世纪 60 年代起，发展中国家开始了一场以改良种子为中心的农业技术进步活动，被称为"绿色革命"。绿色革命主要通过技术手段培育出对肥水敏感、适于密植的高产农作物品种。这些品种的种子经过改良，能够在有限的土地和水资源条件下获得更高的产量。然而，这种农业生产技术虽然在一定程度上取得了成功，但其本质是以作物品种为主体，通过大量施用农药、化肥和灌水来改造作物的生长环境。

绿色革命虽然在很大程度上提高了农业生产效率，缓解了粮食短缺问题，但其依赖大量外源性化学物质和能源的特性也带来了严重的生态环境问题。大量使用化肥、农药和灌溉导致土壤退化、水源污染、生物多样性减少等一系列环境问题。

为了解决这些问题，新绿色革命应运而生。新绿色革命旨在实现农业的高产、优质和可持续发展，减少对环境的影响。它强调提高动植物的生产力，同时注重农产品品质的提升，减少化肥、农药、水的无效投入，以实现农业的可持续发展。新绿色革命采用了一系列先进的农业技术和管理模式，如精准农业、智能农业等，以提高农业生产效率，减少资源浪费。同时，它还注重生态环境的保护和修复，通过推广生态农业、有机农业等方式，降低农业对环境的负担。

未来，智慧农业将成为农业发展的主导方向。智慧农业指的是将物联网技术深度融合到农业生产中，使农业更具有"智慧"。通过运用传感器、无线通信、云计算等技术，可以实现对农业中各种过程的精准感知、控制和决策管理，从而大大提高农业生产效率和质量。智慧农业是农业生产的高级形态，它充分利用了现代信息技术，特别是物联网、云计算和大数据等先进技术，为农业生产提供了一种全新的管理和运营模式。在智慧农业中，各种传感节点被部署在农业生产现场，采集农业分析的相关参数，并通过无线通信网络将这些数据传输到云端服务器进行存储和分析。通过智能感知和预警系统，智慧农业能够及时发现异常情况，如病虫害发生、气候变化等，从而采取相应的应对措施。

（二）农业的特性

农业是人类利用生物有机体的生命活动,将外界环境中的物质和能量转化为各种动植物产品的生产活动。因此,农业的特性表现为:

1. 农业生产是一种特殊的自然再生产过程

在农业生产过程中,农业利用生物有机体的生长发育规律,通过合理的种植、养殖和管理,实现生命物质的再生产。在农业生产过程中,绿色植物通过光合作用,将空气中的二氧化碳、水以及土壤中的矿物质转化为有机物质,这些有机物质为植物的生长和繁殖提供了必要的能量和营养。同时,绿色植物还通过蒸腾作用释放出氧气,为环境中的其他生物提供呼吸所需的氧气。畜牧业和渔业中的家畜和鱼类通过食用植物或动物产品,动物体内的酶和消化系统发挥了重要作用,将食物分解为简单的营养成分,再合成成为动物体所需的蛋白质、脂肪和矿物质等。当动植物死亡后,它们的残体和排泄物成为土壤和水中微生物的食物。经过微生物的分解和还原,这些残体和排泄物被转化为植物可吸收的营养物质,重新进入生物再生产的循环过程。

生物的自然再生产过程,是一个复杂而又精密的系统。这个系统受到许多内外因素的共同影响,包括温度、湿度、光照、土壤成分、气候变化等等。每一个因素的变化,都可能对生物的生长发育产生显著的影响。农业生产的对象是这些有生命的有机体,这意味着农业生产的过程也必须遵循这些生物生长发育的规律。随着科学技术的不断进步,人类对生物生长发育规律的认识越来越深入。这使得人们能够更精确地预测和控制生物的生长过程,提高农产品的产量和质量。农业生产的过程是一个不断探索和实践的过程。随着人们对生物生长发育规律认识的深入,农业生产的技术手段也会不断更新和提高。这将为人类提供更多、更好的食物和其他物质资料,促进人类社会的持续发展。

2. 农业生产不仅仅是自然再生产,它还是一种经济再生产

在农业生产过程中,农业生产者不仅与大自然紧密相连,还在特定的社会背景下与他人形成了错综复杂的生产关系。他们使用世代传承或科技改进的生产工具,对土地和其中的动植物进行精心的照料和劳作。这些努力最终转化为丰富的农产品,这些农产品不仅满足了农业生产者及其家庭的生活需求,也为他们带来了经济收益。部分农产品作为生产资料,再次投入到农业生产中,为下一轮的收获奠定基础。

同时,通过市场交换,农产品转化为货币,使生产者能够购买所需的其他消费品和生产资料,从而形成一个良性的经济循环。经过交换,农产品的去向变得多样化。一部分农产品直接进入消费领域,满足人们的日常需求。另一部分农产品并没有直接进入消费者手中,而是作为下一个生产过程的生产资料。这些农产品包括谷物、豆类、油料等,它们可以作为饲料、肥料、燃料等原材料,用于支持其他产业的发展。还有一些农产品跨越了农业领域,进入了其他生产领域。例如,水果和蔬菜可以用于制作罐头、果汁等食品加工业的产品;棉花和丝绸可以用于制作纺织品和服装。这些农产品的加工和转化过程,不仅增加了其附加值,也丰富了人们的生活需求。这种循环往复的生产过程,使得农业生产得以持续进行,为社会的发展提供源源不断的动力。

3. 在农业生产中,经济再生产过程与自然再生产过程是密不可分的

这是农业生产的基本特征。自然再生产是指生物有机体与自然环境之间的物质、能量交换过程,这是自然界中普遍存在的现象。而经济再生产,则是人类为了满足自身需求,对自然资源的利用和改造。人类通过耕种、养殖、放牧等方式,利用动植物的生命力和自然环境中的资源,生产出所需要的农产品。自然再生产为经济再生产提供了必要的物质基础和能量来源,而经济再生产则通过人类的干预和改造,提高了自然再生产的过程和效率。这些干预措施都是在遵循自然规律和社会经济规律的前提下进行的,主要目的是实现可持续的、高效的农业生产。

4. 农产品的特殊性

(1)农产品的生物特性。农产品的生物特性是其固有的、由生命体本质所决定的特性,这些特性在农业生产、加工、储藏和营销等环节中均发挥着重要作用。首先,农产品的生产必须遵循自然规律,这是由生命体的生长、发育和繁殖过程所决定的。与工业产品不同,农产品的生产周期相对较长,无法随意缩短,这是因为农产品的生长需要经历从播种、生长到成熟的过程,这个过程受到光照、温度、水分、土壤等多种自然因素的影响。这些因素的变化不仅会影响农产品的生长速度和产量,还会对其品质产生重要影响;其次,农产品在采摘或屠宰后仍然保持着生命体的代谢活动,随着时间的推移,其品质会逐渐下降,甚至发生腐烂变质。这就要求农产品在储藏、加工和营销过程中必须具备更加严格的条件和时间限制。例如,许多农产品需要在低温下储存和运输,以延缓其品质下降的速度。同时,加工过程也需要尽可能快地完成,以减少农产品的损失和浪费。尽管现代农业技术已经取得了很大的进步,但仍然无法像工业产品那样实现标准化生产。这是因为农产品的生长和发育过程受到多种因素的影响,如气候、土壤、病虫害等。这些因素的变化具有很大的不确定性和不可预测性,因此农产品的产量和质量也存在很大的波动。这就要求农业生产者必须具备丰富的经验和技能,能够根据实际情况灵活调整生产措施,以保证农产品的产量和质量。农产品的生物特性还表现在其品种多样性上。不同种类的农产品具有不同的生长特点、品质特性和用途价值。例如,谷物类农产品主要用于提供人类食物和动物饲料;水果类农产品则具有丰富的维生素和矿物质等营养成分;而棉花等纤维类农产品则是重要的纺织原料。这种多样性使得农产品市场更加丰富多元,满足了不同消费者的需求。

（2）农产品生产和消费的分散性。农产品生产和消费的分散性是农业领域中一个不可忽视的现象。由于农业生产的地域性特征,许多农产品的生产分布在不同的地区甚至国家。这种分散性使得农产品需要经过长距离的运输才能到达消费区,对运输服务的需求较高。为了满足消费者的需求,需要建立完善的运输网络和物流体系,以确保农产品的及时供应和品质保障。然而,尽管农产品的生产和消费呈现分散性,但其加工和运销等环节却出现了集中化的趋势。这种集中化趋势主要由大型农产品生产和经销企业所主导,他们通常具有雄厚的资本实力、技术实力和经营管理实力,能够实现规模经济和高效运营。这些大型企业通过集中采购、加工和销售,降低成本、提高效率,从而获得更多的市场份额和利润。这种集中化趋势对整个农产品市场产生了深远的影响。在市场结构上,少数具有地区甚至世界垄断地位的农产品生产和经销大公司占据了市场的中心地位,而数以百万计的农产品生产者则处于市场的边缘地位。这种市场结构使得产业链的构建变得更为复杂,利益分配也更加不均衡,农产品生产者往往缺乏价格的话语权,在市场竞争中处于不利地位。这种市场结构的不均衡性对农业发展和农民增收带来了挑战。一方面,农产品生产者数量众多,但规模较小,缺乏组织化程度,难以形成有效的市场议价能力。另一方面,大型农产品生产和经销企业往往通过压低价格、提高市场进入门槛等手段来维护自身的利益,这使得农产品生产者的收益受到挤压,影响了他们的生计和发展。为了应对这些问题,首先应加强农民合作组织建设,提高农产品生产者的组织化程度,增强他们的市场议价能力,通过合作组织,可以将分散的生产者有效地组织起来,形成规模效应,提高农产品的品质和附加值,从而获得更好的市场回报。其次,鼓励企业与农户建立紧密的合作关系,实现产销对接、利益共享。通过企业+农户的模式,可以实现农业生产的规模化、标准化和专业化,提高农产品的质量和市场竞争力;同时也可以降低企业的采购成本和风险,实现共赢发展。此外,政府应充分发挥自己的职能作用,应加大对农业的支持力度,提高对农民的培训和教育投入,加强农业科技创新和推广应用新型农业技术;还应建立健全农产品质量安全监管体系和追溯制度,确保农产品的品质和安全性;同时也要加强农产品市场信息体系建设,提高市场透明度和预测准确性,为农业生产者提供更加准确的市场信息。

(3)农产品体积大、单位价值低。农产品的体积庞大与单位价值低下的特性,构成了农业经济活动中的一个基础性挑战,农产品的这种特点在很大程度上影响了其生产、加工、运输和销售等各个环节,特别是在全球化和市场化的背景下,如何有效处理农产品的体积问题和提高其单位价值,成为了农业产业链优化和农民增收的关键。农产品的体积大主要是由于其自然属性和生长规律决定的。以粮食作物为例,其生长周期长,需要大量的土地和水资源,最终产生的农产品往往体积庞大,这种庞大的体积不仅给农产品的储存和运输带来了困难,也增加了其损耗和浪费的风险,尤其是在一些基础设施不完善的地区,农产品的运输成本甚至可能超过其价值本身,这严重影响了农产品的流通和市场竞争力。与体积大相对应的是农产品的单位价值低。这主要是由于农产品的生产过程中投入的劳动力和资本相对较少,以及其生长周期的限制所导致的。低单位价值使得农产品在市场交易中往往处于不利地位,生产者难以获得合理的收益,消费者也难以享受到优质的农产品。通过加工转换,可以减轻农产品的体积,浓缩其容量,减弱其易腐性,并提升其耐储性。例如,将粮食加工成面粉、饲料等产品,不仅可以减小体积,还可以增加其附加值;将水果和蔬菜进行冷藏、罐装等处理,可以延长其保质期并方便运输和销售,这些加工转换过程不仅可以提高农产品的市场竞争力,还可以为农业生产者带来更多的收益。然而,对于实力较小的农民而言,他们往往难以独立完成这些活动。这主要是由于农民在资金、技术和市场等方面存在较大的限制。缺乏足够的资金使得农民难以购买先进的加工设备和技术;缺乏技术支持使得农民难以掌握复杂的加工工艺和质量控制方法;缺乏经营管理能力使得农民难以有效地组织和管理加工生产过程。因此,要实现农产品的有效加工转换和提高其单位价值,必须依靠资本实力、技术实力和经营管理实力强大的企业来承担,这些企业通常具有雄厚的资金基础、先进的技术设备和科学的管理方法,他们可以通过与农民建立紧密的合作关系,提供资金、技术和市场等方面的支持,帮助农民实现农产品的加工转换和价值提升。在这个过程中,政府也发挥着重要的作用。政府可以通过制定优惠的政策和提供财政支持等措施来鼓励企业参与农产品的加工转换活动;可以通过建设和完善基础设施来降低农产品的运输和储存成本;可以通过加强质量监管和食品安全管理来提高农产品的品质和安全性;还可以通过推动农业科技创新和人才培养来提升农业产业链的整体水平。

5. 农业生产者的特殊性

(1)农业生产者常常表现为生产者和消费者的双重身份。在自给性生产和商品性生产共存的条件下,农户的决策过程变得尤为复杂,他们不仅需要考虑市场需求以实现商品性生产,而且还要满足自身的生活和生产需求,这使得农户的决策不同于单纯为市场而生产的决策。一般农户在为市场生产时,其决策主要依据市场需求和价格信号。他们会根据市场供需状况、价格走势以及自身生产条件等因素,选择种植的作物、养殖的动物以及生产的技术和投入等。然而,他们生产的农产品主要用于满足家庭成员的生活需求,如食物、衣物等。这种自给性生产通常不追求经济效益最大化,而是追求满足自身需求的生产效率最大化,农户会根据自己的土地、劳动力和技术等条件,选择适合自己生产的作物和养殖方式,以确保家庭所需的基本物资供应。值得注意的是,农户也会根据市场上的供应情况、价格和质量等因素,决定是否购买商品性农产品,而且他们也会考虑自己的生产条件和家庭需求,决定是否购买其他生活必需品,这种决策过程体现了农户在市场经济中的双重身份,他们既是生产者又是消费者。此外,市场生产主要追求的是经济效益最大化,即通过提高产量、品质和降低成本等方式获得更高的市场回报。而为自己生产则追求的是满足自身需求的生产效率最大化,即通过合理的资源配置和生产方式选择,确保家庭所需的基本物资供应。这种双重身份和标准差异对农业经济活动的影响是多方面的。首先,它决定了农户在农业生产中的复杂决策过程,农户需要在满足市场需求的同时,兼顾自身的生活和生产需求。其次,这种双重身份也影响了农业产业结构和发展方向。农户在市场经济中的选择和行为会对农业产业结构产生影响,进而影响整个农业经济的发展。例如,如果某一地区的农户更多地选择自给性生产,那么该地区的农业产业结构可能会更加侧重于满足当地居民的基本生活需求;而如果更多地选择商品性生产,则该地区的农业产业结构可能会更加侧重于满足外部市场需求。此外,如果农户过多地关注自身需求而忽略了市场需求,可能会导致资源配置的低效甚至浪费;反之,如果过多地追求经济效益最大化而忽略了自身需求,则可能会影响家庭基本物资的供应和生活质量。

(2)绝大多数的农业生产者是自我雇佣。在农业生产中,自我雇佣的现象普遍存在,这与农业生产的产业特点密切相关,农业生产通常以个体农户为单位,农户们独立承担着生产、经营和管理等全部职责,与非农产业的劳动力者多数受雇于人不同,农业生产者更倾向于自我雇佣的形式。自我雇佣的农业生产者通常拥有自己的土地和生产资料,自主决定种植的作物、养殖的动物以及生产的技术和投入等。他们的工作成果与自己的劳动投入直接相关,因此具有较高的劳动积极性和自主性。这种模式下,劳动激励多样化,劳动者可以根据自己的利益和偏好选择不同的生产方式和经营策略。由于自我雇佣的农业生产者通常只为自己工作,不需要通过雇主或中介来获取报酬,因此他们的劳动成果直接决定了收入水平。这种模式下,劳动者的劳动成果与最终收益紧密相连,使得他们更有动力去提高生产效率和质量。

此外,自我雇佣的农业生产者通常不需要外部监督,因为他们对自己的工作负责并承担全部责任。这种自主管理的方式使得农业生产者能够更好地发挥自己的主观能动性,更加灵活地应对市场变化和风险挑战。

(3)农户或家庭农场是最主要的生产经营单位。农户或家庭农场通常拥有自己的土地和生产资料,以家庭成员为主要劳动力,自主负责农业生产活动,这种经营模式具有生产单位和消费单位为一体的特点,即农户既是生产者又是消费者,其生产的产品主要用于满足家庭成员的生活需求,这种模式在农业经济中占据主导地位,是农业生产的传统组织形式之一。与现代企业制度相比,农户或家庭农场的经营规模通常较小,生产技术和经营方式相对落后。然而,这种经营模式也有其独特的优势。农户可以根据市场需求和自身条件,灵活调整种植结构、生产规模和经营策略,来更好地适应市场变化。同时,家庭农场也有助于传承农业文化和家族传统,保持乡村社会的稳定与和谐。随着农业现代化的推进,农户或家庭农场也开始逐渐走向专业化、社会化、商品化和组织化。农户在保持家庭经营的基础上,逐渐扩大了生产规模,提高了生产效率和技术水平。同时,他们也开始更加注重市场需求和产品质量,积极参与市场竞争,推动农业产业的转型升级。为了适应这种变化,农业合作社等新型农业经营主体开始出现并得到发展。这些合作社以家庭经营为基础,通过联合和协作的方式,实现了规模化生产和经营,提高了农业生产效率和农民收入水平。同时,合作社也为农户提供了市场信息、技术指导和产品销售等方面的支持,增强了农户的市场竞争力。尽管如此,农户或家庭农场作为最主要的农业生产经营单位的特点仍然没有改变。这是因为农业生产具有天然的分散性和地域性特点,难以实现大规模集中经营。同时,农业生产者通常兼具生产者和消费者的双重身份,其经营决策不仅要考虑市场需求,还要考虑家庭成员的生活需求。因此,家庭农场作为一种灵活、多样且具有人文关怀的经营模式,将继续在农业经济中占据重要地位。

二、农业的地位与作用

(一)农业的地位

1. 农业的重要性

(1)提供人类生存必需品。人类生存的基础是食物、衣物和住所,而这些都与农业息息相关。在过去的几个世纪里,随着工业化和城市化的进程加速,农业的地位受到了一些挑战。然而,尽管技术进步和工业化带来了生产方式的变革,农业依然是保障人类生存和发展的基础产业。(2)农业作为国民经济的基础,不仅为人类提供了基本的生活必需品,还为社会分工和国民经济其他部门的发展奠定了基础。在古代,农业是整个社会的决定性生产部门,因为人们为了生存不得不将大部分劳动力投入到农业生产中。随着农业生产力的发展和剩余农产品的增多,农业逐渐从社会生产中独立出来,形成了"纯粹"的农业产业。在这个过程中,其他国民经济部门也开始崭露头角,与农业并立。这种格局的形成,是社会分工和经济发展的必然结果。因此,每个国家只有认识到农业的重要性,国民经济才能实现持续、健康的发展。

2. 农业在不同国民经济发展阶段中的地位

(1)在社会经济发展的初期阶段,农业是国民经济的支柱产业,对国家经济起着决定性的作用。在这个阶段,农业为国家工业化提供了必要的资本原始积累。为了满足人们日益增长的物质和文化需求,非农产业必须得到快速发展。因此,农业在这个过程中做出了巨大的牺牲,为国家工业化提供了必要的支持和保障。另外,农业对国家工业化的支持,不仅是出于国民经济发展的宏观需要,也深深植根于农业自身发展的内在逻辑之中。随着社会的进步和经济的繁荣,人们对农产品的需求在数量和质量上都呈现出不断上升的趋势。为了满足这种日益增长的需求,农业必须经历一场深刻的变革。这场变革离不开农业外部能量的注入,包括科技进步、人力资本增长等多方面的支持。只有通过引入现代化的生产要素和管理方式,农业才能实现从传统到现代的跨越。而这一切,都依赖于二、三产业的蓬勃发展。工业和服务业的繁荣为农业提供了必要的资金、技术和市场支持,推动了农业的现代化进程。农业作为国家经济发展的基础产业,其稳定发展对于满足社会日益增长的对农产品的需求至关重要。如果农业的扩大再生产能力受到过度挤压,无法满足市场需求,将直接制约国家工业化的进程。因此,在国家工业化的发展过程中,必须高度重视对农业的保护和扶持,采取可持续的发展策略。

(2)国家对农业实行保护阶段。随着非农产业的崛起,农业在国民经济中的比重逐渐下降,而农业的贸易条件也不断恶化。由于农业生产成本的不断增加和农产品价格的相对下降,农民的收入水平逐渐下降,这使得农业的比较优势逐步丧失。在这种背景下,国家对农业实行了保护性政策。这种政策的目的是弥补市场机制的不足,为农业提供必要的支持和保护。对农业实行保护性政策的必要性在于,农业是国家的基础产业,对于国民经济的稳定发展和社会进步具有重要意义。只有通过政府的支持和保护,农业才能实现可持续发展,为国民经济提供稳定的基础支撑。因此,在国民经济发展的不同阶段,政府应加大对农业的支持力度,推动农业现代化进程,促进农业与工业的协调发展。

(二)农业的作用

1. 农业对经济发展的基本贡献

(1)产品贡献。食品作为人们日常生活中的必需品,其来源主要依赖于农业部门,农业生产的粮食、蔬菜、水果等农产品,不仅是人们的基本食物来源,也是非农产业部门食品消费的主要来源,为人们提供了丰富的食品来源,满足了人们的生存需求,而且农业也为非农产业部门提供了原材料和中间投入品,如食品加工所需的原料、饲料等,促进了非农产业的发展。随着人们生活水平的提高,对食品的需求已经从数量转向质量,农业生产的绿色、有机、健康食品等,满足了人们对食品品质的需求,推动了食品加工业的发展,提高了食品产业的附加值。此外,农业对经济发展的产品贡献还表现在农业产业链的延伸上。例如,农业与旅游业的结合,形成了乡村旅游等新业态,带动了农村经济的发展;农业与文化产业的结合,推动了农村文化产业的发展,提高了农产品的文化附加值。

(2)要素贡献。农业作为传统的劳动密集型产业,拥有大量的农业劳动力资源。这些劳动力不仅直接从事农业生产,还通过农村工业化、城镇化等方式向城市和非农产业部门转移。农业部门所提供的劳动力为非农产业部门的发展提供了必要的劳动力支持,推动了国民经济的增长。另外,农业部门通过农业生产活动,积累了大量的农业资本。这些资本不仅用于农业自身的投资和发展,还通过多种渠道流向非农产业部门。例如,农业资本可以用于农村工业、商业和交通运输业等领域的投资,促进了农村经济的发展。此外,农业资本还可以通过金融市场等渠道流向城市和其他地区,支持了全国范围内的经济增长。再次,农业部门所拥有的土地资源是国民经济其他部门发展的重要基础。非农产业部门在扩大生产规模、建设基础设施等方面需要占用大量土地资源,而这些土地资源大多来自农业部门的贡献。农业部门通过土地流转、土地征收等方式,为非农产业部门提供了必要的土地支持,推动了国民经济的持续发展。只有农业发展壮大,才能更好地发挥其对经济发展的要素贡献,推动整个国民经济的持续健康发展。因此,在制定经济发展战略和政策时,应充分考虑农业的重要地位和作用,为农业的可持续发展提供必要的政策和资金支持,而且还应加强农业科技创新和人才培养,提高农业的科技含量和附加值,推动农业现代化进程。此外,还应加强农村基础设施建设和完善农村社会保障体系,提高农村生产生活条件和农民的生活质量。只有让农民分享经济发展的成果,才能更好地激发他们的生产积极性和创造力,为农业对经济发展的要素贡献提供源源不断的动力。

(3)市场贡献。随着农业生产水平的提高和商品化程度的加深,农民的收入水平和生活需求也在不断提升,他们不仅需要购买农药、化肥、种子、农膜等农业生产资料,还需要购买服装、家具等生活用品。这些消费行为直接扩大了工业品的市场规模,为工业生产提供了更大的需求空间。工业品市场的扩大反过来又会刺激工业和其他非农产业的扩张,进一步推动国民经济的发展。

其次,农民通过销售粮食、蔬菜、水果等农产品,不仅满足了消费者的基本生活需求,还为非农产业部门提供了原材料和中间投入品。随着农业生产和商品化程度的提高,农民对农产品的销售规模不断扩大,推动了农产品市场的繁荣。农产品市场的流通量增加后,不仅促进了相关运销业的发展,还有利于完善农产品市场体系,进而促进农业要素市场体系的发育成熟。此外,农业的对外贸易不仅扩大了农产品的国际市场,还为其他产业提供了出口机会。通过参与国际市场竞争,农业部门可以引进国外先进的农业技术和设备,进一步提高农业生产效率和农产品质量,推动整个国民经济的国际化进程。

2. 农业的多功能性

一般认为,农业所具有的非商品产出功能可分为环境功能、社会功能、粮食安全功能、经济功能和文化功能五个方面:

(1)环境功能。农业不仅为人类提供食物和纤维,还具有维护生态平衡、保护生物多样性、保持水土、净化空气、调节气候等多方面的环境功能。首先,农田、林地、草地等通过地表覆盖、植物根系和土壤的固结作用,能够有效地防止水土流失,保护土地资源。在山区、丘陵区等水土流失易发区,合理的农业耕作和植被覆盖可以显著降低水土流失的风险。其次,农作物生长过程中需要大量的水分,这些水分主要源于地下水。在干旱季节或雨水不足的地区,农业灌溉成为地下水的主要补充来源。通过合理的农田灌溉和管理,可以有效地补充地下水资源,保障人类生产和生活的需要。此外,农业景观中的农田、林地、草地等不同类型的生态系统,为各种生物提供了栖息地和繁殖场所。合理的农业管理和保护措施,可以保护野生动植物种群,维护生态平衡,促进生物多样性的发展。农业还具有缓解气候变化的功能。通过减少温室气体排放、增加碳汇等作用,农业可以缓解全球气候变化。例如,通过合理轮作、秸秆还田等农业措施,可以减少温室气体的排放;同时,森林、草原等植被通过光合作用吸收二氧化碳并释放氧气,增加碳汇。另外,农业在防治荒漠化、减少水污染、保护野生动植物栖息地、控制洪水等方面也具有积极作用。合理的农业耕作和管理措施可以防治荒漠化、减少水土流失;农业的废水排放也会对水体造成污染,因此需要采取有效的治理措施;农业活动还可以为野生动植物提供栖息地,促进生态平衡;洪水灾害发生时,农田、堤坝等农业设施可以起到一定的缓冲作用,减轻灾害损失。

(2)社会功能。农业的社会功能是多方面的,它是农村生活的核心,为农村居民提供了重要的经济、文化和社交平台,农业的地域性分布特点使得农村社区成为人们生活和社交的重要场所,对农村居民的生活方式、价值观和社会结构产生了深远的影响。首先,农业为农村居民提供了主要的谋生手段和就业机会。在农村地区,农业是经济收入的主要来源之一,农民通过耕种、养殖等方式获得收入,满足家庭生活和生产支出的需要。农业的发展不仅能够保障农民自身的生计,还能够带动相关产业的发展(如农产品加工、运输等),从而增加就业机会,促进农村经济的繁荣。其次,农村生活模式的特点是相对稳定和有规律的,这与农业生产的周期性和规律性密切相关。农民按照农作物的生长规律安排生产活动,形成了一套适应自然规律的生产生活方式。农业不仅满足了农民的物质需求,还为农村居民提供了丰富的文化、精神生活。农民在耕种、收获等农业生产活动中,传承了乡土文化、民间艺术等非物质文化遗产,使得农村文化具有独特的价值和魅力。此外,农村社区是农民生产生活的聚集地,农业的发展促进了农村社区的形成和发展。在农村社区中,农民之间相互协作、互帮互助,形成了紧密的社会关系网络。这种社会关系网络不仅有助于提高农业生产效率,还能够增强农民之间的凝聚力,促进社区的和谐稳定。同时,农业活动也为农村社区提供了交流和沟通的平台,增强了社区内部的互动和活力。农业还具有减少农村人口盲目向城市流动、保持社会稳定的功能。随着城市化进程的加速,大量农民涌入城市,给城市带来了诸多社会问题。而农业的发展能够在一定程度上减少农民盲目向城市流动的现象。通过提高农业生产效率和农民收入水平,农村地区能够提供更多的就业机会和生活条件,从而降低人口外流的比例。这有助于维护社会的稳定和平衡发展。另外,在农村社区中,农民之间的互助合作、共同参与农业活动等过程有助于形成社会资本,社会资本是指个体或团体之间的关联程度、互信互助、共享价值观等社会关系的总和,农业活动促进了农民之间的互动和合作,形成了共同的价值观念和行为规范,增强了社会资本的积累。社会资本的增加有助于提高农村社区的治理能力、增强凝聚力,进一步推动农业和农村的发展。

(3)粮食安全功能。农业的粮食安全功能是农业的基本功能之一,也是农业对人类社会的最直接贡献。粮食安全是指确保所有人的食品供应充足、经济上可承受,并且食品的质量和安全性要得到保证。它关乎每个人的基本生存权和发展权,是国家安全和社会稳定的基础。首先,粮食是人类生存所需的基本物品,农业通过种植和养殖等生产活动,为人类提供了大量的粮食和其他农产品,这些食品不仅满足了人们的基本生理需求,还为人类提供了必要的营养和能量。农业生产的食品种类繁多,包括谷物、蔬菜、水果、肉类、蛋类等,满足了不同人群的口味和营养需求。其次,农业的粮食安全功能还体现在稳定物价上。农业生产的食品是人们日常生活中的必需品,其价格波动对整个经济体系都会产生影响。农业生产的稳定和食品市场的有序流通能够保障食品价格的相对稳定,从而避免了食品价格的剧烈波动对社会经济的冲击。政府通过一系列的政策措施来调控粮食生产和市场供应,以确保食品价格的稳定和市场的正常运转。此外,农业的粮食安全功能还表现在食品质量的保障上。随着人们对食品安全问题的关注度不断提高,对食品质量和安全性的要求也越来越严格。农业生产的食品需要符合一系列的质量和安全标准,以确保食品的安全性。政府和相关机构制定了一系列食品安全法规和标准,对农业生产、加工、流通等各个环节进行严格的监管和检测,以确保食品的质量和安全性。同时,农业的粮食安全功能还体现在对特殊人群的保障上。对于贫困人口、老年人、残疾人等特殊人群来说,食品是他们生活的基本保障。政府通过各种社会福利政策和救助措施,为这些人群提供必要的食品援助和补贴,以确保他们能够获得足够的营养和食品。另外,农业的粮食安全功能还表现在对生态环境的保护上。合理的农业生产和土地利用能够保持土壤肥力、防止土地退化、保护生物多样性等生态环境问题。通过推广环保型的农业生产技术和模式,能够实现农业的可持续发展,保障粮食的安全生产和供应。

(4)经济功能。农业作为国民经济的基础产业,为人类提供了大量的农产品,满足了人们的基本生活需求,农业通过种植、养殖等方式生产了大量的食品、纤维、燃料等,为其他产业提供了必要的原材料。首先,农业产品在市场上销售,也为农民带来了经济收益,支撑了农村经济的发展。其次,农民通过直接参与农业生产活动,获得了劳动报酬和生活来源。同时,农业的发展也带动了相关产业的发展,如农产品加工、运输、销售等,这些产业为农村和城市居民提供了就业岗位。农业的发展对于缓解就业压力、增加农民收入、改善农村生活条件等方面具有重要意义。此外,农业还具有独特的经济缓冲作用。在经济波动时期,农业能够适时地释放和吸纳劳动力,减缓经济危机所带来的影响。在经济繁荣时期,农业吸纳更多的劳动力,增加了就业机会;在经济衰退时期,农业则释放出劳动力,减少失业率。这种经济缓冲作用有助于稳定国民经济,减缓经济波动的冲击。农业的经济缓冲作用还表现在对其他产业的支持上。农业为食品加工业、纺织业等提供了大量的原材料,保障了这些产业的正常运转。在经济危机时期,农业的稳定生产和供应对于保障基本物资的供应、稳定市场价格等方面发挥了重要作用。另外,农业的经济功能还体现在生态补偿机制上。随着人们对生态环境保护意识的提高,农业的生态补偿机制逐渐得到重视。农业在生产过程中对生态环境产生了一定的影响,如土地利用、水资源消耗等。为了实现农业的可持续发展,政府和社会应该建立生态补偿机制,对农民进行经济补偿,鼓励他们采取环保型的农业生产方式,保护生态环境。这种生态补偿机制不仅能够实现农业的可持续发展,还能够促进经济的绿色发展。

(5)文化功能。

其一,农业是文化传承的重要载体。农业作为人类社会最古老的生产方式之一,自古以来就承载着丰富的文化传承功能。在我国农耕文化源远流长,它孕育了中华民族勤劳、智慧、坚韧不拔的民族性格。农耕活动中蕴含的天人合一思想与顺应自然的哲学观念,以及岁时节令、耕作技术、民间艺术等,都是传统文化的重要组成部分。这些文化元素通过一代代农民的口传心授,得以延续至今,成为民族精神的重要支撑。

其二,农业具有教化育人的价值。农业不仅为人们提供物质生活资料,更在潜移默化中影响和塑造着人们的思想观念和行为习惯。通过参与农业生产活动,人们能够深刻体会到劳动的艰辛与收获的喜悦,从而培养了勤劳节俭、自强不息的美德。此外,农业生产中的团队协作、精耕细作等实践,也有助于培养人们的团队协作精神和精益求精的工作态度。因此,农业在育人方面发挥着不可替代的作用,它教会我们尊重自然、敬畏生命以及如何通过辛勤劳动实现自我价值。

其三,农业是生态文明的实践平台。随着现代工业文明的发展,生态环境问题日益凸显。而农业作为与自然最为密切的生产方式,其在维护生态平衡、促进生物多样性方面发挥着重要作用。传统农业中蕴含的生态智慧,如间作套种、轮作休耕等耕作制度,以及利用天敌控制害虫等生物防治方法,都是现代生态农业发展的重要借鉴。通过推广这些可持续的农业模式,我们不仅能够保护生态环境,还能够传承和弘扬农耕文化中的生态理念。因此,农业不仅是生态文明的实践平台,更是推动人与自然和谐共生的重要力量。

第二节 农业经济学

一、农业经济学的研究对象

(一)对农业经济学有代表性的定义

在早期的农业经济学研究中,人们主要关注的是农业生产的效率和生产力的提高。当时的研究重点是如何通过改进农业生产技术和方法,提高土地和劳动生产率,从而增加农产品的供应和农民收入。这种观点在当时的农业经济学家中非常普遍,并且对于当时农业生产的提高起到了积极的推动作用。随着时间的推移和社会经济的发展,人们开始意识到农业经济活动并不仅仅是一个生产过程,而是一个涉及众多利益相关者的复杂系统。在这个系统中,农民、政府、市场、企业等各方都有着不同的利益诉求和影响。因此,农业经济学的研究对象也逐渐扩展到了包括农业生产、市场营销、农村发展、环境保护等更广泛的领域。农业生产是农业经济学的核心研究对象之一。农业生产不仅涉及土地、劳动力、资本等生产要素的配置问题,还涉及农业生产技术的创新和应用问题。随着科技的不断进步,农业生产技术也在不断更新换代,这为农业经济学的研究提供了新的思路和方法。市场营销也是农业经济学关注的重点领域之一。农产品市场营销涉及农产品的供求关系、价格形成机制、市场结构等方面的问题。农业经济学家通过对农产品市场营销的研究,探讨如何更好地满足消费者的需求,提高农产品的市场竞争力,促进农业的可持续发展。农业经济学家还关注农村地区的经济发展、社会进步和环境保护等方面的问题。他们研究如何通过农村产业结构的调整、农村金融体系的建设、农村基础设施的完善等方面,促进农村经济的繁荣和发展。并且农业经济学家探讨如何实现农业生产和环境保护的协调发展,促进农业的绿色发展。此外,随着全球经济一体化和农业市场的不断开放,农业经济学的研究范围也逐渐扩展到了国际层面。如何在全球化的背景下维护和提升本国农业的竞争力,如何应对国际市场的挑战和机遇,以及如何开展国际农业合作等问题,都成为了农业经济学研究的重点领域。农业经济学家还探讨如何通过国际农业合作,实现资源、技术、市场的共享和优化配置,提高全球农业的生产效率和竞争力。

他们研究国际贸易规则、政策协调等方面的问题,为国际农业合作提供理论支持和政策建议。在全球化的背景下,如何维护和提升本国农业的竞争力是一个重要的问题。农业经济学家研究如何通过优化农业生产结构、提高农产品质量、加强农产品品牌建设等方面,来提高本国农产品的国际竞争力。他们还关注国际贸易中的绿色壁垒、知识产权保护等问题,为应对国际市场的挑战和机遇提供策略和建议。

(二)农业经济学研究对象变化的特征

自 20 世纪初以来,农业生产和经济活动逐渐趋于复杂化,这促使农业经济学不断进行分化和细化。随着时间的推移,许多新兴的分支学科开始逐渐从农业经济学中独立出来,形成了各自独特的研究对象和方法体系。这些分支学科涉及的领域更加广泛,研究的内容也更加具体和深入。其中,土地经济学和农业生产经济学是两个重要的分支学科。土地经济学主要研究土地资源的经济价值和利用方式,探索土地制度、土地市场和地租理论等方面的问题。农业生产经济学则关注农业生产过程中的资源配置、生产成本、市场需求等方面的问题,着重研究农业生产的经济效益和可持续发展。随着全球化进程的加速,农业经济学又迎来了新的发展机遇和挑战。在这个时期,农产品运销学、农业金融学、农业政策学等新分支学科迅速成长起来。这些学科的出现进一步丰富了农业经济学的理论体系,为农业和农村发展提供了更加全面和系统的指导。农产品运销学主要研究农产品的市场营销和流通渠道,涉及农产品的品质管理、品牌建设、销售策略等方面的问题。农业金融学则关注农业领域的金融活动和风险管理,研究农业投资、农业保险、农村信贷等方面的问题。农业政策学则着重研究政府对农业和农村发展的干预和政策制定,分析农业政策的效应和实施效果。20 世纪 70 年代以后,随着环境问题的日益突出和可持续发展理念的兴起,农业经济学再次发生新的变化。在这个时期,农业资源经济学、农业生态经济学等新兴分支学科开始出现。这些学科的出现不仅反映了人们对农业和农村发展的新认识和新需求,也体现了农业经济学与其他新兴学科相互交叉和渗透的趋势。农业资源经济学主要研究农业资源的合理利用和可持续开发,着重分析资源环境的经济价值和生态效益。农业生态经济学则将生态学原理与经济学原理相结合,研究农业生态系统中的经济活动和生态平衡问题,探索农业的可持续发展路径。这些新兴分支学科的出现一方面是农业经济学分化的结果;另一方面也可以视为农业经济学与其他新兴学科相互交叉和渗透的综合产物。这种交叉和渗透的趋势不仅推动了农业经济学自身的理论创新和发展,也为其他相关学科提供了新的思路和方法。例如,农业生物学、农业物理学等自然科学与农业经济学的交叉产生了农业技术经济学这一分支学科,该学科主要研究农业技术的经济效益和推广应用;而环境科学、地理学等学科与农业经济学的交叉则产生了环境经济学、地理经济学等分支学科,这些学科主要关注环境资源的经济价值和环境保护的经济效益。

此外,农业经济学与其他社会科学也存在广泛的交叉和渗透,如社会学、政治学、心理学等。例如,农村社会学研究农村社会的结构、功能和变迁;政治经济学研究政治权力与经济利益之间的关系;心理经济学研究决策过程中的心理因素和经济行为的关系。这种交叉和渗透的趋势不仅拓宽了农业经济学的领域和视野,也促进了不同学科之间的交流与合作。通过不同学科之间的相互借鉴和融合,可以更好地解决农业和农村发展中的复杂问题,推动相关领域的共同进步。

农业经济学在不断发展和演进的过程中,越来越注重多层面、多视角地分析和研究。为了更全面、准确地理解和解决农业经济问题,农业经济学家不断加强定性和定量分析的结合、实证和规范分析的结合以及宏观和微观分析的结合。首先,定性分析主要基于对研究对象性质的分析和描述,而定量分析则通过数学模型、统计数据等手段对研究对象进行量化的分析和预测。在农业经济学研究中,将定性和定量分析相结合,可以更全面地揭示农业经济现象的本质和规律。其次,实证和规范分析的结合也是农业经济学研究的一个重要方向。实证分析主要关注研究对象"是什么"的问题,通过收集和分析数据来揭示农业经济现象的实际状况和因果关系。而规范分析则关注"应该是什么"的问题,基于一定的价值判断和目标导向,为农业政策的制定提供理论支持。通过实证和规范分析的结合,农业经济学家可以更深入地理解和评估农业政策的效果和影响。再次,宏观分析主要关注农业经济的整体运行状况、产业结构、市场机制等方面的问题,而微观分析则关注农户行为、生产组织、技术创新等方面的问题。通过宏观和微观分析的结合,可以更全面地了解农业经济的运行机制和存在的问题,为政策制定提供更有针对性的建议。同时,随着全球化进程的加速和农业经济的复杂化,比较研究在农业经济学中也越来越受到重视。比较研究可以帮助农业经济学家更好地理解不同国家、不同地区农业经济的共性和差异,发现农业经济发展的规律和趋势。通过比较不同国家或地区的农业政策、农业生产模式、农产品市场等方面的差异,可以更深入地了解农业经济的多样性和复杂性,为解决实际问题提供更有价值的思路和方法。

二、农业经济学的研究内容

(一)农产品市场

在许多国家,特别是中国,农业生产的快速增长使得农产品供应得到了大幅度提升,告别了过去的短缺时代。如今,农产品自给有余,甚至出现了某种程度的过剩,市场的地位和作用愈发凸显。在这个背景下,农业经济问题从过去以增加生产为中心,逐渐转变为以解决市场问题为中心。农产品的供给与需求、价格形成与决定、市场机制与调控等成为当代农业经济学研究的首要问题。这不仅关系农民的收入和农村的发展,更影响整个国民经济的运行和社会的稳定。在供给方面,农业科学技术的进步极大地提高了农产品的产量和质量。新型农业技术的应用,如转基因技术、精准农业等,使得农业生产效率大幅度提升,成本不断降低。这不仅增强了农产品的国际竞争力,也为消费者带来了更多的实惠。然而,随着农产品产量的增加,市场的需求却不一定能够同步增长。在许多情况下,农产品出现了过剩的情况,导致价格下跌,农民的收入受到挤压。这就需要深入分析农产品的需求结构和发展趋势,探索如何通过调整农业生产结构、提高产品质量、开发新品种等方式来满足市场需求。在价格方面,农产品的价格形成与决定机制也发生了深刻的变化。传统的农产品价格体系逐渐被打破,市场化的价格机制逐渐成为主导。然而,这也带来了新的问题,如价格波动的不确定性增加、对农民利益的保护不足等。这就需要深入研究农产品的价格形成机制,探索如何建立有效的市场调控机制,以保障农民的利益和市场的稳定。

随着国际贸易的不断发展,各国之间的农产品贸易往来越来越频繁。这既带来了机遇,也带来了挑战。机遇在于,通过国际贸易可以获得更多的市场机会和资源,推动农业的发展;挑战则在于,国际市场的竞争更加激烈,需要不断提高产品质量和降低成本才能赢得市场份额。同时,农产品市场的信息不对称问题也不容忽视。由于农业生产的地域性和分散性特征,农产品市场的信息传递往往不畅通,导致农民在交易中处于不利地位。这就需要加强农产品市场信息体系建设,提高信息的透明度和对称性,以保护农民的利益和市场公平交易。

(二)农业生产要素

相对于农产品市场,农业生产要素市场的发育相对滞后,需要更多地关注和引导。农业生产要素市场涉及土地、劳动力、技术、资金和信息等生产要素的配置问题,这些要素的合理配置,对于农业生产的顺利进行和农业经济的发展至关重要。土地作为农业生产的基本要素,其市场运作机制与政府的管理方式具有特殊性。由于土地资源的有限性和地域性,土地市场的供给与需求往往不对称,容易出现土地过度集中或土地利用不足的情况。因此,政府需要加强对土地市场的监管和管理,通过土地政策、土地制度等手段来调节土地资源的配置,以保障土地的可持续利用和农业的可持续发展。但随着城市化进程的加速和人口老龄化的加剧,农业劳动力逐渐减少,农业劳动力市场出现了供不应求的局面。为了解决农业劳动力短缺的问题,政府需要加强对农业劳动力的培训和教育,提高农民的素质和技能水平,同时鼓励和支持农业规模化经营和机械化生产,以降低劳动成本和提高生产效率。技术是推动农业发展的重要力量,但技术的研发和应用需要大量的资金投入和信息支持。因此,资金和信息要素市场对于农业技术进步至关重要。政府需要加强对农业技术创新的支持,通过财政资金、税收优惠等政策手段来鼓励企业和社会资本投入农业技术创新,同时加强农业科技信息服务平台建设,为农民和企业提供更加便捷的技术服务。

(三)农业微观经济组织

农业的微观经济组织形式是农业生产和经营活动的基本单位,也是农业经济体系的重要组成部分,由于农业产业的特殊性,农业的微观经济组织构造与工商业存在较大的差异。在工商业中,随着经济的发展和市场的扩大,家庭经营逐渐被大型公司所取代,各类公司和跨国公司成为了市场的主宰。然而,在农业领域,家庭经营仍然是其最基本的微观经济组织形式,并且具有旺盛的生命力。农业家庭经营之所以具有如此强大的生命力,主要源于农业生产和家庭生活的紧密结合,在农业生产中,家庭是最基本的生产单位,也是农业生产活动的主要承担者,家庭经营能够充分发挥家庭成员之间的协作和互助精神,同时也能够充分利用家庭内部的资源,实现资源的优化配置,而且家庭经营还能够根据市场需求和家庭实际情况灵活调整生产结构和经营方式,以适应市场的变化。

面对大市场,单个农户往往势单力薄,难以与大型公司竞争,为了提高自身的竞争力和应对市场风险,农户需要组织起来,通过合作社、合同制和一体化等产业化组织形式联合起来。这些产业化组织形式不是对农业家庭经营的否定,而是建立在家庭经营的基础之上,通过整合资源、降低成本、提高效率等方式来增强农户的竞争力。合作社是农户自愿组成的组织形式,通过集中采购、统一销售等方式降低成本、提高收益。合同制则是一种更为松散的组织形式,农户与公司或其他组织签订合同,约定产品规格、价格、交货时间等,从而保障农户的利益。一体化则是指农业产业链上的各个环节相互配合、协调运作,形成一个有机的整体。这些产业化组织形式在提高农户收益、增强市场竞争力等方面发挥了重要作用。同时,这些组织形式还能够为农户提供技术、资金、市场等方面的支持和服务,帮助农户解决生产和经营中的困难。因此,农业的微观经济组织形式是一个多元化、层次化的体系,既有以家庭经营为基础的个体农户,也有各种产业化组织形式。

(四)农业保护与农业发展

农业保护与农业发展是农业经济学中的重要议题。农业作为国家的基础产业,其发展对于国民经济的稳定和持续发展至关重要。然而,农业也是一个脆弱、易受外部冲击的产业,因此需要政府采取一定的保护措施来促进其发展。农业保护政策是指政府采取的一系列措施来保护本国农业,包括关税壁垒、价格支持、生产补贴等。这些政策的目的是提高本国农民的收益、促进农业发展、保障国家粮食安全等。农业保护政策的实施对于农业发展具有积极的影响。首先,农业保护政策可以减少外部市场的竞争压力,提高本国农民的收益和生产积极性。同时,农业保护政策也可以为本国农业提供更加稳定的市场环境和更加广阔的发展空间。其次,农业保护政策可以促进农业的转型升级和结构调整。政府可以通过补贴、贷款等手段支持农民开展多元化经营、提高生产技术和管理水平,推动农业向现代化、专业化、集约化方向发展。最后,农业保护政策还可以加强农业产业链的整合和协同发展。政府可以通过政策引导和支持,促进农业产业链上下游环节的衔接和配合,提高整个产业链的效率和竞争力。

然而,农业保护政策也存在一些负面影响。首先,农业保护政策可能导致本国农民对政府的依赖,缺乏自我发展和创新的动力。因此,政府在制定农业保护政策时需要综合考虑各种因素的作用和影响。政府应该根据本国农业发展的实际情况和需要,制定科学、合理的农业保护政策,并加强政策的执行和监督。同时,政府也应该积极探索新的农业发展模式和路径,推动农业转型升级和现代化进程。除了政府采取的农业保护政策外,农业发展还需要多方面的支持和保障。首先,加强农村基础设施建设是促进农业发展的重要基础。政府应该加大对农村基础设施建设的投入力度,包括农村道路、水利、电力、通信等方面的基础设施建设,提高农村的生产生活条件和资源配置效率。其次,加强农业科技研发和创新是促进农业发展的关键因素。政府应该鼓励和支持农业科技研究机构和企业开展技术创新和研发工作,推广先进的农业生产技术和管理经验,提高农业生产效率和产品质量。此外,政府还应该加强对农民的培训和教育,提高农民的文化素质和技能水平,增强农民的市场竞争力和自我发展能力。同时,建立健全的农产品市场体系也是促进农业发展的重要保障。政府应该加强农产品市场建设和监管工作,完善市场交易规则和管理制度,保障市场的公平竞争和稳定运行。

第二章　现代农业信息化的发展

第一节　农业信息化概述

一、农业信息化的含义

（一）农业资源与环境信息化

随着信息技术的不断发展和普及,农业资源与环境信息化成为了推动农业可持续发展的重要手段,农业资源与环境信息化是指利用信息技术手段,对农业资源与环境进行监测、评估、预测和调控的过程,旨在实现农业资源的可持续利用和生态环境的保护。首先,农业资源与环境信息化可以提高农业生产效率,通过对土地、土壤、气候、水资源等农业资源的实时监测和数据分析,可以精确掌握各种资源的数量和质量,从而制订更加科学的农业生产计划,提高农业生产效率。其次,通过信息化手段对农业资源和环境进行评估和预测,可以及时发现资源利用和环境变化的问题,采取有效的措施进行调控和保护,实现农业的可持续发展。最后,农业资源与环境信息化可以提高农业风险管理能力。通过对农业资源和环境的实时监测和数据分析,可以及时发现异常情况,预测未来的变化趋势,从而采取有效的风险控制措施,减少农业生产的风险。首先,要建立完善的农业资源与环境信息采集系统,对各种资源进行实时监测和数据采集,还需要利用遥感技术、航测技术、地理信息系统等先进技术手段,建立起覆盖全国的农业资源与环境信息采集网络。其次,要建立农业资源与环境数据库,对采集到的数据进行存储和管理。这需要利用数据库技术、数据挖掘技术等信息技术手段,建立起高效、稳定、安全的数据库系统。再次,要建立农业资源与环境评估和预测模型,对各种资源进行评估和预测。这需要利用数学建模、统计分析等技术手段,建立起科学、实用的评估和预测模型。最后,要加强农业资源与环境信息化的应用和服务,推广信息化技术在农业生产和管理中的应用。这需要加大宣传和培训力度,提高农民和管理人员的信息化素质和应用能力。

(二)农业生产和农业管理信息化

在传统农业生产中,农民往往依靠经验和手工劳动进行生产决策和管理,难以实现精细化和科学化的生产。而通过引入信息化技术,如物联网、大数据、人工智能等,可以实现农业生产过程的实时监测、数据分析和智能决策,提高生产效率和品质。例如,利用物联网技术可以实时监测土壤湿度、温度、光照等环境参数,根据监测数据调整灌溉、施肥等生产措施;利用大数据技术可以对历史气象、市场销售等数据进行分析,预测未来的气候和市场变化趋势,指导农民制订科学的生产计划。而且传统农业管理方式存在着信息传递慢、决策依据不充分等问题,难以实现及时有效的管理和调控。而通过引入信息化技术,可以实现农业管理信息的快速传递、数据共享和实时监控,提高管理效率和调控能力。例如,利用计算机网络技术可以建立农业信息管理系统,实现农业数据的收集、整理、分析和共享,为各级农业管理部门提供科学决策的依据;利用遥感技术可以实现对农田的远程监测和评估,及时发现病虫害、旱涝灾害等问题,采取有效的应对措施。同时,通过信息化技术手段的应用,可以推动农业科技创新和成果转化,提高农业科技水平和竞争力。例如,利用虚拟现实技术可以模拟农业生产过程和实验环境,进行农业科研和教学;利用云计算技术可以建立农业知识库和数据库,实现农业科技信息的共享和交流。此外,农业管理信息化还可以促进农业管理人才培养和素质提升。通过信息化技术手段的应用,可以开展远程教育和培训,提高农民和管理人员的素质和能力。

(三)农业生产资料及农产品市场信息化

农业生产资料市场信息化可以有效解决农业生产资料供需矛盾,提高农业生产效率,降低生产成本,增加农民收入。而农产品市场信息化则可以促进农产品销售,提高农民收入,推动农村经济发展。在传统农业生产中,农业生产资料供需信息不对称,农民往往难以获得及时、准确的市场信息,导致生产资料购买困难或者购买成本过高。而通过引入信息化技术,可以建立农业生产资料信息服务平台,实时发布农业生产资料供需信息,提供在线交易、物流配送等服务,帮助农民更加便捷地购买到质优价廉的农业生产资料。同时,农业生产资料市场信息化还可以促进农业生产资料的标准化和规范化,提高农业生产资料的质量和安全性。农产品市场信息化可以建立农产品信息服务平台,实时发布农产品供求信息,提供在线交易、物流配送等服务,帮助农民更加便捷地销售农产品。同时,农产品市场信息化还可以促进农产品的品牌化和标准化,提高农产品的附加值和市场竞争力。此外,农产品市场信息化还可以推动农村电商的发展,为农民提供更多的创业和就业机会,促进农村经济的发展。

(四)农业科技教育信息化

通过农业科技教育信息化,可以加强农业科研和生产活动的信息沟通,加速农业科技成果的推广和普及,提高农民的科学素质和文化水平,促进农业的可持续发展。在传统农业生产中,农业科研和生产活动相互脱节、割裂,导致农业科技成果难以转化为生产力。而通过引入信息化技术,可以建立全国性的农业科技信息网络,实现农业科研和生产活动的信息共享和交流,加强信息沟通与合作,促进农业科技创新和成果转化。例如,利用互联网和多媒体技术可以建立农业科技数据库和知识库,提供农业科技信息的查询、检索和在线学习等服务,方便农民和农业技术人员获取最新的农业科技知识和技术。农业科技成果的推广和普及是促进农业发展的重要途径之一,而信息化技术手段的应用可以提高推广和普及的效率和效果。例如,利用互联网和移动通信技术可以建立农业科技推广平台,实现农业科技成果的在线推广和普及,提高农民对新技术和新品种的认识和应用能力。同时,信息化技术手段还可以促进农民之间的交流与合作,加速农业科技成果的扩散和传播。而且随着信息化技术的发展和应用,农民可以更加便捷地获取各种知识和信息,提高自身的科学素质和文化水平。例如,利用互联网和多媒体技术可以开展远程教育和培训,提供个性化的学习资源和课程,方便农民随时随地学习各种知识和技能。同时,信息化技术手段还可以促进城乡之间的教育资源共享,缩小城乡教育差距,提高农村教育的整体水平。

(五)农村社会与经济信息化

农村社会与经济信息化涉及诸多方面,包括农村人口、教育、科技、收入、基础设施、公共服务等,这些方面的发展程度直接影响着农村整体发展水平和农民生活质量。首先,经济发展是农村发展的核心,而信息化是推动经济发展的重要力量。通过信息化手段,可以加快农业科技成果的推广和应用,提高农业生产效率和农产品附加值,而且信息化还可以促进农村工业化和现代化进程,推动农村产业结构升级和优化。例如,电子商务的兴起为农村特色产品提供了更广阔的销售渠道,也为农民提供了更多的创业机会。其次,农村公共服务是保障农民基本生活和促进农村发展的重要基础,而信息化手段可以提高农村公共服务的覆盖面和质量。例如,通过建立农村医疗信息化系统,可以实现远程医疗和在线诊疗,提高农村医疗服务的可及性和质量。同时,信息化手段还可以促进城乡公共服务的均衡发展,缩小城乡差距。随着信息化的发展,农民可以更方便地获取各种知识和信息,提高自身素质和能力。例如,通过开展远程教育和培训,可以为农民提供更多的学习机会和发展空间。同时,信息化还可以促进农村社会的交流和互动,增强农村社会的凝聚力和稳定性。

这就需要加强农村信息基础设施建设,包括宽带网络、移动通信网络等,提高信息传输和处理的效率和能力,而且还需要开发和应用适合农村特点的信息技术和系统,如农业管理信息系统、农村医疗信息化系统等。此外,还需要加强农民信息素养的培训和教育,提高农民的信息素质和应用能力。并且需要不断完善相关政策和法规体系,为农村社会与经济信息化提供政策和法律保障。例如,制定相关政策鼓励企业和个人投资农村信息化建设,加大对农村信息化的资金支持力度。此外,还需要加强国际合作和交流,引进先进的信息化技术和经验,促进我国农村社会与经济信息化建设和发展。

二、农业信息化对经济社会发展的作用

(一)农业信息化能够提高农业资源利用率

传统的农业生产方式往往依赖于经验和直觉,缺乏对农业资源精准管理和高效利用的手段,而农业信息化技术的应用,为农业资源的管理和利用提供了新的途径。首先,通过地理信息系统(GIS)、全球定位系统(GPS)等信息技术手段,可以精确获取土地、土壤、水等农业资源的分布、质量、肥力等信息。这些信息为农业生产的规划、资源配置和决策提供了科学依据,有助于提高农业生产的针对性和有效性。例如,通过 GIS 技术,可以分析土壤成分、地形地貌等因素,为精确施肥和灌溉提供依据,避免过度使用或不足使用农业资源的

情况发生。其次,信息技术在农业机械装备中的应用,如智能农机、无人机等,提高了农业生产的自动化和智能化水平,这些装备能够实时监测农作物的生长状况、土壤条件等信息,实现精准播种、施肥、灌溉等作业。这不仅减少了农业生产的人力成本,还提高了农作物的产量和质量,进一步提升了农业资源的利用率。例如,通过互联网和电子商务平台,可以连接供需双方,实现农资、农产品的在线交易和物流配送。这不仅减少了中间环节,降低了交易成本,还有助于农业生产者获取优质农资和农产品,提高农业生产效益。信息技术可以帮助农业生产者了解农业环境的动态变化,如气候、水质、土壤污染等。通过实时监测和数据分析,可以及时采取应对措施,减少对农业环境的负面影响。同时,信息技术还有助于推广环保型的农业生产方式,如节水灌溉、有机农业等,促进农业的绿色发展。

(二)农业信息化能够提高农业生产管理水平

农业信息化能够通过实时监测、数据分析和模型模拟等手段,为农业生产决策提供精准的数据支撑。通过 GIS、GPS 等技术,可以精确获取农田土壤、气象、水文等数据,为农田灌溉、施肥、播种等决策提供科学依据。同时,利用大数据和人工智能技术,可以对海量的农业数据进行挖掘和分析,预测未来的农业趋势和市场变化,为农业生产者提供更有价值的决策支持。随着智能农机、无人机、物联网等技术的应用,农业生产正逐步实现自动化和智能化,通过物联网技术,可以实时监测农田环境和作物生长状况,实现精准控制和自动调节。智能农机和无人机能够自动化完成播种、施肥、喷药等作业,大大提高了农业生产效率。同时,通过计算机控制技术,可以实现农业生产的智能化管理,降低人工干预和管理成本,提高农业生产效益。而且农业信息化能够实现农业资源的数字化管理和可视化展示,为农业资源的优化配置提供有力支持。通过建立农业资源数据库和信息服务平台,可以实现农业资源的共享和合理调配。这有助于农业生产者更好地了解农业资源的分布和需求状况,合理安排农业生产计划,提高农业资源的利用效率。另外,农业信息化不仅有助于减少农业废弃物的排放和实现农业废弃物的资源化利用,促进农业的可持续发展。消费者可以通过扫描二维码等方式获取农产品的生产日期、产地、生产者等信息,确保农产品的质量和安全。农业信息化还有助于推广绿色、有机、低碳的农业生产方式,减少化肥、农药等化学物质的使用量,提高农产品的品质和安全性。

(三)农业信息化能够提高农业市场流通效率

市场经济是信息引导的经济,农业市场化要求运用市场机制实现农业产前、产中与产后的有效衔接,处理好农业生产、分配与消费的动态关系,农业信息化为实现上述各方面的有机衔接提供了强大的物质技术手段,有助于提高农业市场流通效率,促进农业的可持续发展。首先,传统的农业产销对接往往依赖于中间商或农产品批发市场,这种方式不仅增加了流通环节和成本,还可能导致信息不对称和市场失灵。而农业信息化能够通过建立农业信息服务平台和电子商务平台,将农业生产者与消费者直接连接起来,实现产销对接的无缝衔接。这样减少了中间环节和交易成本,提高了流通效率,同时也有助于农业生产者获取更准确的市场信息和需求预测,制订合理的生产计划。其次,农产品供应链涉及生产、加工、运输、销售等多个环节,农业信息化能够通过物联网、大数据等技术手段,实现农产品供应链的全程监控和智能管理,通过实时监测农产品的质量、数量、位置等信息,可以优化运输和配送路线,提高物流效率,而且利用大数据分析市场需求和销售趋势,可以预测农产品供需状况,调整生产和销售策略,降低库存成本和损耗率。此外,通过建立农产品质量追溯系统,可以实现农产品从生产到销售全过程的追溯管理,提高农产品的安全性和可信度。并且利用互联网和社交媒体等平台,可以宣传和推广农产品的特色和优势,提升品牌知名度和美誉度。这有助于增强消费者对农产品的信任感和忠诚度,提高农产品的市场竞争力。

(四)农业信息化能够带动农民生活物质现代化

传统的农业生产方式依赖于手工劳动和简单的机械装备,而农业信息化技术的应用,如智能农机、无人机、物联网等,为农民提供了更加智能化的生产工具,这些装备能够自动化完成播种、施肥、喷药、收割等作业,大大提高了农业生产效率。同时,通过物联网技术,农民可以实时监测农田环境和作物生长状况,实现精准控制和自动调节,提高农产品质量和产量。而随着信息技术的普及,农村地区也逐渐接入互联网、移动通信等基础设施,为农民提供了更加便利的生活条件,农民可以通过互联网获取各种信息和资源,如天气预报、医疗健康、教育资源等,提高自身的生活素质。同时,现代信息技术也为农民提供了更加便捷的通信方式,如视频通话、在线交流等,加强了农民之间的交流和合作。此外,通过互联网和移动通信,农民可以获取各种文化娱乐资源,如音乐、电影、电视剧等,丰富了精神生活。同时,信息技术也为农民提供了更加便捷的社交平台,如社交网络、在线社区等,增强了农民之间的互动和归属感。

(五)农业信息化能够提高农业生态环境管理水平

农业信息化技术的应用,如遥感技术、地理信息系统、全球定位系统等,为农业生态环境管理提供了更加精准、高效和智能的手段。通过遥感技术和地理信息系统等信息技术手段,可以实时监测农田土壤、气象、水文等环境要素,获取全面、准确的数据。通过对这些数据的分析,可以及时发现环境异常和潜在的生态问题,为农业生态环境管理提供预警和决策支持。这有助于减少环境破坏和资源浪费,提高农业生态环境的可持续性。再者,农业废弃物是农业生态环境的污染源之一,但通过信息化技术的应用,可以实现农业废弃物的资源化利用。例如,利用智能农机和物联网技术,可以对农作物秸秆进行自动化收集和分类处理,实现秸秆的资源化利用。通过建立农业废弃物管理系统,可以实现农业废弃物的数字化管理和可视化展示,提高废弃物的管理效率。而且农业信息化还有助于推广生态友好的农业生产方式。通过信息技术手段,可以宣传和普及生态农业、有机农业等可持续发展的理念和技术,提高农民的环保意识和生态素养。

利用地理信息系统和遥感技术等手段,可以对生态脆弱地区进行监测和评估,为生态修复和保护提供科学依据。这有助于减少农业对生态环境的负面影响,促进农业的绿色发展。并且通过建立农业环境监管信息系统,可以实现农业环境的数字化管理和远程监控,这不仅能够及时发现和处置环境违法行为,还能够提高监管效率和管理水平。同时,利用信息技术手段,还可以加强对农业投入品的管理和监督,减少化肥、农药等化学物质的滥用,保护农业生态环境的安全。

(六)农业信息化能够促进全社会的现代化

农业作为国家的基础产业,其现代化水平直接关系整个国家的现代化进程,而农业信息化作为农业现代化的重要标志,能够为农业带来革命性的变革,推动全社会的现代化进程。

农业信息化通过引入先进的信息技术和智能装备来优化农业生产结构，提高农业生产的效率和效益。同时，农业信息化还能够促进农业产业链的整合和升级，推动农业一二三产业的融合发展，为农业提供更多的发展机遇和空间，农业现代化的实现将为国家现代化提供坚实的支撑和保障。城乡一体化是全社会现代化的重要标志之一，而农业信息化可以为城乡一体化提供有力的支撑，通过农业信息化，可以将城市的先进技术、信息和资源引入农村，推动农村经济的发展和社会的进步。在全球化背景下，国家的国际竞争力取决于其科技实力和创新力。农业信息化能够推动农业科技创新和成果转化，提高农业的国际竞争力和附加值，通过农业信息化，可以加强国际交流与合作，引进国际先进的农业技术和经验，提高我国农业的国际地位和影响力。并且农业信息化不仅仅局限于农业生产领域，还可以延伸到教育、文化和社会的各个方面，通过建立基于网络和多媒体的农业技术推广体系，可以将先进的农业科技知识以简单、易懂、易学的方式传授给农民，提高农民的文化素质和科技水平。同时，农业信息化还可以促进农村文化的传承和创新，丰富农民的精神文化生活，推动农村社会的全面进步。

在信息化日益渗透的 21 世纪，农民对信息的需求显得尤为迫切与重要，涵盖产前项目、生产资料、产中技术、专家指导、产后市场行情以及市场客户等多个方面。然而，由于农业信息化并未受到足够的重视，成果转化与实际应用存在困难，整体产业化水平相对较低。尤其在经济和文化基础相对薄弱的地区，农民缺乏资金和人才来充分获取和有效利用这些信息。因此，政府在反哺农业的过程中，需要在信息方面给予更多的支持和倾斜，并着重提高农民利用农村市场信息的能力。还应加大对农业信息化的投入，加强农业信息化基础设施建设，提高农业信息化水平，并且需要引导和支持农民利用信息技术手段获取、分析和利用市场信息，提高农民的信息素养和利用能力。此外，还需要建立完善的农业信息服务平台和网络体系，提供全面、准确、及时的市场信息和咨询服务，帮助农民更好地把握市场动态和机遇。农业信息化在促进农村经济发展方面具有十分重要的作用，通过加强农业信息化建设，可以很大程度上提高农业生产效率和管理水平，推动农业现代化进程。不仅如此，农业信息化还可以促进农村一二三产业的融合发展，为农民提供更多的就业机会和收入来源。因此，政府和社会各界应着重于推动农业信息化建设，促进农业和农村经济实现可持续发展。

第二节　我国农业信息化发展状况

一、我国农业信息化发展的现状

农业信息化是指在农业生产、经营、管理和服务过程中,广泛运用信息技术和信息资源,提高农业生产效率、增加农民收入、促进农业可持续发展的重要手段。我国政府高度重视农业信息化建设,不断加大投入力度,加强农业信息化基础设施建设。目前,我国已经建成了覆盖全国的农业信息网络,各级农业部门都建立了自己的网站,为广大农民提供了政策法规、市场行情、技术指导等方面的信息服务。此外,农村电商、物联网等新兴业态也快速发展,进一步推动了农业信息化的进程。

农业信息技术研发和应用不断取得突破。我国在农业信息技术研发方面取得了一系列重要成果,如精准农业、智能农机、农业大数据等领域的技术创新和应用推广。同时,农业信息技术与农业生产实践的结合也日益紧密,如智慧农场、智能灌溉、土壤监测等实际应用,大大提高了农业生产效率和管理水平。此外,我国已经建立起了较为完善的农业信息服务体系,各级农业部门通过各种方式向农民提供政策法规、市场行情、技术指导等方面的信息服务。随着农村电商的快速发展,越来越多的农民通过电商平台获取信息和销售农产品,进一步推动了农业信息化的进程。

虽然我国农业信息化有了显著提高,但也存在一些问题和挑战。如农业信息化基础设施仍需加强建设,尤其是中西部地区和贫困地区的农业信息化水平较低;农业信息技术研发和应用还需进一步深化,尤其是在智慧农业、智能农机等领域;农业信息服务体系还需进一步完善,提高信息服务的针对性和有效性;农业信息化人才培养还需加大力度,提高农民的信息素养和利用能力等。

二、我国农业信息化的问题仍然突出

(一)农业信息服务体系不健全,信息传递渠道不畅通

农业信息服务体系作为农业信息化发展的重要组成部分,其健全程度和

信息传递渠道的畅通性对于农业信息化整体发展具有重要影响。然而,当前我国农业信息服务体系存在一些问题,如体系不健全、信息传递渠道不畅通等,制约了农业信息化的发展进程。目前,我国农业信息化建设缺乏统一规划和协调,导致信息化建设重复投资、资源浪费、信息不共享等问题。首先,由于缺乏整体规划,农业信息服务体系的建设也不完善,信息收集、整理、发布等环节存在脱节现象,影响了信息服务的及时性和准确性。其次,农业信息服务体系的信息传递渠道不畅通,主要表现在以下几个方面:一是信息传递网络不健全。目前,我国农业信息传递主要依靠各级政府和部门的信息网络,但这些网络覆盖面有限,尤其是广大农村地区的信息传递网络建设滞后,导致信息传递不畅通。二是信息传递方式落后。目前,农业信息传递仍以传统方式为主,如广播、电视、报纸等,而网络、手机等现代信息传递方式的应用还不够广泛,影响了信息传递的效率和覆盖面。三是信息传递内容不全面。目前,农业信息服务体系提供的信息内容较为单一,不能满足农民的实际需求。同时,由于信息来源不规范,信息的准确性和可信度也存在一定问题,而且缺乏有效的监管机制,导致信息服务的质量和效果难以保证。一方面,由于缺乏监管,信息服务的内容和形式随意性较大,不能保证信息的准确性和可靠性;另一方面,由于缺乏监管,信息服务的质量和效果无法评估和改进,不能满足农民的实际需求。

(二)信息采集标准化程度低,信息处理比较落后

农业信息采集是农业信息服务体系的基础环节,其标准化程度直接影响信息的质量和可靠性。然而,当前我国农业信息采集标准化程度较低,缺乏统一的信息采集标准和指标体系,导致信息采集的口径不一致、数据可比性差等问题,而且信息采集方法不够科学、采集点不足、覆盖面不够等问题也较为突出,影响了信息的准确性和完整性。同时,信息处理是农业信息服务体系的核心环节,其手段的先进与否直接关系信息的质量和效率。当前我国农业信息处理手段较为落后,很多地方仍采用手工处理方式,缺乏先进的计算机网络手段。这种方式不仅处理速度慢、效率低,而且容易出错,影响了信息的质量和可靠性。同时,对采集到的信息分析加工能力严重不足,缺乏深层次的数据挖掘和分析,也影响了信息的使用价值和决策参考意义。此外,信息传输是农业信息服务体系的重要环节,其传输工具的先进与否直接关系信息传递的效率

和覆盖面。然而,当前我国农业信息传输工具较为落后,很多地方仍采用传统的传输方式,如电话、传真等。这种方式不仅传输速度慢、容量小,而且容易受到干扰和丢失,影响了信息的及时性和完整性。同时,缺乏统一的信息传输标准和规范,也导致了信息传递的混乱和不规范。

(三)从事农业的人员文化素质有待提高,信息网络人才缺乏

由于历史、经济和社会等多方面原因,我国农民整体文化素质相对较低,缺乏对农业信息化的认知和理解。一方面,许多农民习惯于传统的农业生产方式,缺乏利用信息技术提高生产效率、优化资源配置的能力和意识。同时,由于文化素质的限制,农民对新型农业技术和设备的学习和掌握能力较弱,难以适应现代化农业发展的需求。另一方面,农业信息化需要大量的信息技术专业人才,包括系统设计、硬件维护、软件开发、数据分析等方面的人才。然而,当前我国农业领域的信息技术人才相对较少,难以满足农业信息化发展的需求。同时,由于农业信息化领域的工作条件相对较为艰苦,也难以吸引和留住更多的信息技术专业人才。

(四)农业产业化程度不高,难以形成正常的信息需求

在当前阶段,我国农业产业化程度不高,导致难以形成正常的信息需求,这在很大程度上制约了农业信息化的深入发展。随着科技的不断发展和全球化的推进,信息已经成为现代社会的关键资源。农业作为国家的支柱产业,其对信息的需求也日益增长。然而,由于多种因素的影响,农业产业化的程度在我国并未达到理想的水平,这在一定程度上制约了农业信息化的发展,使得正常的信息需求难以形成。这些因素对农业信息化的需求具有重要影响,生产规模化会增加对农业信息技术的需求,市场导向化将进一步增强农业信息化支持的必要性,而产业链延伸化则需要更多的农业信息化支持来实现信息的快速传递和共享。并且由于我国农业产业化程度不高,这些因素未能得到充分体现,导致正常的信息需求难以形成。在农业产业化的背景下,农业生产者需要借助信息技术手段实现智能化生产和精准化管理。同时,由于我国农业产业化程度不高,农业生产者对信息技术的认知和接受度有限,缺乏利用信息技术增强生产效率和管理水平的意识和能力。这导致了正常的信息需求难以形成,制约了农业信息化建设的发展。

第三节　加快我国农业信息化发展的对策

（一）加大对农业信息工作的宣传力度，提高大众对农业信息化的认识

农业信息化是一个涉及多个领域和多个方面的综合性系统工程，宣传时需要抓住重点，突出特色。例如，重点宣传农业信息化在现代农业发展中的作用和意义，介绍农业信息化的基本概念、技术手段和应用案例等。通过突出重点的宣传，可以让大众更好地了解农业信息化的内涵和外延，提高对农业信息化的认识水平。传统的宣传方式如电视、广播等媒体仍然是宣传的重要渠道，但随着互联网的普及和发展，网络宣传也成了重要的宣传方式。网络宣传具有传播速度快、覆盖面广、互动性强等优点，可以更好地满足现代人对信息的需求。例如，可以建立农业信息化专题网站、微信公众号等平台，发布农业信息化的相关资讯和动态，吸引更多人关注和参与农业信息化建设。再者，农业信息化宣传不能仅停留在表面，要注重实际效果的宣传。例如，可以通过宣传农业信息化在农业生产、管理、销售等方面的成功案例和经验，让更多人了解农业信息化的实际效果和应用价值。同时，也可以通过组织参观、交流等活动，让更多人亲身体验农业信息化的优势和便利性，提高对农业信息化的认同度和需求度。此外，农业信息化宣传需要各相关部门的密切配合与协作，形成宣传合力。各级农业部门、科技部门、教育部门等应该加强沟通与合作，共同推进农业信息化宣传工作。同时，要充分利用各种资源，包括人力、物力、财力等方面的资源，进行优化配置和整合利用，强化宣传效果和质量。

（二）加快农业信息服务体系建设，畅通信息传递渠道

一个健全的农业信息服务体系，能够有效地收集、整理、分析和传递农业信息，为农业生产者提供及时、准确、全面的信息服务，帮助他们更好地把握市场动态、提高生产效益和管理水平。首先，信息采集是信息服务的基础，只有及时、准确地获取各种农业信息，才能为后续的服务提供保障。因此，需要建立覆盖面广、层次丰富的信息采集网络，包括基层农业服务站、农民合作组织、农业企业等，通过这些机构和人员及时收集农业生产、市场、科技等方面的信

息。同时,还需要加强信息采集的标准化和规范化,确保信息的准确性和可比性。

其次,收集到的信息需要进行分类、整理、分析和挖掘,以便更好地服务于农业生产者。这需要建立专业的信息处理团队,配备先进的信息处理技术和设备,提高信息处理的速度和质量。同时,还需要加强对信息的分析和预测,为农业生产者提供更有价值的建议和决策支持。

再次,农业生产者需要多种形式的信息传播渠道来获取信息服务,不仅包括电视、广播、报纸、网络等,而且要加强与各种媒体的合作,利用媒体的优势将信息传递给农业生产者。并且,还需要积极推广新型的信息传播方式,如手机 APP、微信公众号等,让农业生产者更加方便快捷地获取信息服务。此外,不同地区的农业生产条件、品种、技术等都有所不同,因此需要针对当地实际情况提供具有针对性的信息服务。并且,还需要注重信息的实用性和可操作性,让农业生产者能够真正掌握和应用这些信息。为此,需要加强对农业生产者的培训和教育,提高他们的信息素养和利用能力。并且还需要建立有效的反馈机制。只有及时了解农业生产者对信息服务的反馈意见和建议,才能不断改进和完善信息服务体系。因此,需要建立有效的反馈渠道,让农业生产者能够方便地提出自己的意见和建议。

(三)提高农民信息化素质,加快培养农业信息化人才

信息技术是农业信息化的基础,只有掌握了一定的信息技术,才能更好地应用农业信息化技术。首先,培养农业信息化人才需要加强对农民的信息技术培训,包括计算机操作、网络应用、数据分析等方面的知识和技能。可以通过组织培训班、专题讲座等形式开展培训活动,提高农民的信息技术应用能力。其次,农业信息资源是农业信息化的重要支撑,只有掌握了丰富的信息资源,才能为农业生产提供更好的信息服务。因此,需要加强农业信息资源的开发和利用,建立农业信息资源数据库和共享平台,提高信息资源的整合度和利用率。同时,还需要注重信息资源的及时更新和维护,确保信息资源的准确性和时效性。农业信息化技术的应用需要农民的积极参与和实践,只有通过实践才能真正掌握和应用这些技术。这就需要鼓励农民参与信息化实践,如建立农民专业合作社、推广智能农业装备等,让农民在实践中提高自己的信息化素质和应用能力,并且还要对农民进行一定的指导与支持,帮助他们解决实践

中遇到的问题和困难。另外,农业信息化人才是推动农业信息化建设的重要力量,只有具备一定的人才储备,才能更好地推进农业信息化建设。因此,需要加强农业信息化人才的培养,建立完善的人才培养体系和激励机制,吸引更多的优秀人才投身于农业信息化建设事业中。

(四)大力推进农业产业化进程,增加农业信息化发展的拉动力

农业产业化能够促进农业生产的规模化、集约化和专业化,提高农业生产效率和经济效益。一方面,随着农业产业化的推进,农业生产逐渐摆脱了自给自足的状态,形成了以市场为导向的生产模式,这使得农业生产者更加注重市场需求和信息反馈,对农业信息的需求也更加迫切。因此,农业产业化的发展为农业信息化提供了广阔的应用空间和市场需求。另一方面,农业信息化通过信息技术手段,实现了对农业生产、管理、销售等环节的全面覆盖和实时监控。这使得农业生产者能够更加及时地掌握市场动态和生产情况,并做出科学合理的决策,而且农业信息化还能够促进农业生产、加工、流通等环节的有机结合,提高农产品的附加值和市场竞争力。此外,农业信息化通过信息技术手段,实现了对农业生产全过程的数字化、智能化和可视化。这使得农业生产者能够更加准确地掌握农业生产的技术要求和规律,推动农业科技创新和产业升级。并且农业信息化还能够促进农业与其他产业的融合发展,形成新的经济增长点。这就需要采取一系列措施,增加农业信息化发展的拉动力。首先,制定更加优惠的税收政策和资金扶持政策,鼓励社会资本投入农业信息化建设。其次,要加强基础设施建设,完善农村通信网络和信息技术设施,提高农村地区的网络覆盖率和信息化水平。再次,要加大人才培养和引进力度,建立完善的农业信息化人才培养体系和引进机制,培养一支高素质的农业信息化人才队伍。

(五)加强信息技术在农技推广中的应用,提高推广效率

随着科技的不断发展,信息技术在各个领域都得到了广泛应用,在农业领域,信息技术也发挥了关键作用,通过信息技术手段,我们可以更快速、更准确地获取农业生产的相关信息,为农业决策提供有力支持,而且信息技术还可以帮助农民更好地理解农业技术,提高技术应用效果。这就需要政府加大对农业信息技术的投入力度,推动农业信息技术的研究和应用,还应加强对农民的

信息技术培训,提高农民的信息素养和应用能力,并且农业技术推广机构也应该积极探索信息技术手段在推广中的应用,例如利用互联网、多媒体光盘、手机等多种方式进行技术推广。

除了加强信息技术在农技推广中的应用之外,我们还要拓宽农业推广的服务领域。传统的农业技术推广主要集中在农业生产领域,但随着社会的发展和人们需求的多样化,农业服务领域已经越来越广泛。因此,农业技术推广机构应该加强与其他公共服务领域的合作,例如环保、教育、文化等领域,为农民提供更全面的服务。另外,为了提高农业技术推广的效率,我们还需要重视信息传播媒介的应用。随着互联网、电视、手机等媒介的普及,农民获取信息的方式已经发生了巨大变化。因此,农业技术推广机构应该充分利用这些媒介,传播农业技术和信息,提高农民对农业技术的认知度和应用效果。例如,可以利用互联网开设农业技术网站、制作农业技术视频等,让农民通过多种方式获取信息技术。

第三章 农业经济的调查研究技术

第一节 农业经济调查研究理论与方法

一、农业经济研究的对象与范围

（一）农业经济的研究对象

随着科技的进步,农业生产技术也在不断革新。农业经济研究关注新技术对农业生产效率的影响,以及如何将这些技术普及到广大农户中去。这涉及农业生物技术、农业信息技术、农业工程技术在农业生产中的应用及其影响。例如,转基因作物的研究与应用、精准农业的推广、农业机械化的普及等,都是农业经济研究的热点问题。生产要素的配置与利用也是农业经济研究的核心内容之一。农业生产需要土地、水、气候等自然资源的支持,也需要劳动力、资金、技术等人为要素的投入。农业经济研究关注如何合理配置与利用这些生产要素,以提高农业生产效率。例如,土地流转政策的研究、节水灌溉技术的推广、气候变化对农业生产的影响等,都是农业经济研究的重点问题。农业生产是一个复杂的过程,需要有效地组织和管理才能实现高产、优质、高效的目标。农业经济研究关注农业生产组织的演变、农业生产管理的科学化,以及如何提高农业生产的组织化程度和现代化水平。此外,农业市场也是农业经济研究的重要领域之一。例如,如何建立有效的农产品流通体系、如何制定合理的农产品价格政策、如何应对国际农产品市场的波动等,都是农业经济研究的热点问题。除了关注农业市场本身,农业经济研究还重视市场信息的重要性。农业经济研究关注如何提高农业信息服务的普及率和有效性,以帮助农业生产者做出更为科学和理性的决策。农业资源与环境是农业生产的物质基础,也是农业经济研究的重点之一。随着人类对自然资源的过度开采和环境破坏的加剧,资源的可持续利用和生态环境的保护已经成为全球关注的焦点。例如,如何实现土地资源的可持续利用、如何降低农药和化肥的使用量、如何建立有效的生态补偿机制等,都是农业经济研究的重点问题。除了自然资源的利用和环境的保护外,农业资源与环境的经济价值也是农业经济研究的重点之一。这涉及资源环境的资产评估、生态补偿的标准与机制等方面。例如,如何评估土地资源的价值、如何制定合理的生态补偿标准等,都是需要深入研究的课题。

(二)农业经济的研究范围

农业经济的研究范围包括农业生产的技术手段、生产要素的配置与利用、农业生产过程的组织与管理等。此外,农业技术进步与创新也是农业经济研究的重点之一,包括农业生物技术、农业信息技术、农业工程技术在农业生产中的应用及其影响。

农业市场是农产品交易的场所,涉及农产品的供求关系、价格机制、市场结构等方面。农业经济的研究范围包括农业市场的运行规律、农产品贸易的政策与制度、国际农产品贸易的规则与机制等。此外,农业市场信息也是农业经济研究的重点之一,包括市场信息的收集、整理、传播以及市场预测的方法与技术。

农业资源与环境是农业生产的基础,涉及土地、水、气候等自然资源的利用以及农业生态环境的保护。农业经济的研究范围包括农业资源的可持续利用、农业环境的污染与治理、农业生态补偿机制等。此外,农业资源与环境的经济价值也是农业经济研究的重点之一,包括资源环境的资产评估、生态补偿的标准与机制等。

农业政策是政府对农业生产的干预与调控,涉及农业补贴、农业保险、农业贷款等方面。农业经济的研究范围包括农业政策的制定与实施、政策效应的评价与改进等。此外,农业经济制度也是农业经济研究的重点之一,包括土地制度、农村金融制度、农业合作社制度等。

农民收入是农业生产的主要目的之一,涉及农民的经济地位、收入水平、消费结构等方面。农业经济的研究范围包括农民收入的来源与构成、农民收入的增长与变化趋势等。此外,农民的消费行为也是农业经济研究的重点之一,包括农民的消费习惯、消费需求、消费心理等。

二、农业经济研究的基本理论

(一)基于市场经济的农业经济研究基本理论

农业市场供需理论是农业经济研究的基本理论之一,它主要研究农业市场的供求关系、价格形成和变动规律。在市场经济中,农产品供应量与价格之间的关系、农产品需求量与价格之间的关系以及供求关系的变化是农业市场供需理论的重点。通过分析农业市场的供求关系和价格形成机制,可以预测农产品价格的变化趋势,为农业生产者、加工企业、政府决策提供参考依据。农业产业组织理论主要研究农业产业的组织形式和运行机制,包括农业企业的组织结构、战略管理、竞争与合作等。在市场经济中,农业企业是重要的经济主体之一,其组织结构和经营策略对农业经济的发展具有重要影响。农业产业组织理论通过对农业企业的研究,探讨如何提高农业企业的竞争力和经营效率,促进农业产业的升级和转型。农业资源与环境经济学理论主要研究农业资源的可持续利用和农业生态环境的保护。在市场经济中,农业资源的价格和供求关系对农业生产和资源配置具有重要影响。同时,农业生态环境的质量也直接关系农产品的质量和食品安全。因此,农业资源与环境经济学理论重点研究如何实现农业资源的可持续利用、农业生态环境的保护以及农产品质量与食品安全的保障。

农业政策与制度经济学理论主要研究政府对农业生产的干预与调控以及农业制度的安排。在市场经济中,政府通过制定农业政策和相关制度来调节农业生产和资源配置,以促进农业的可持续发展和农民的增收。同时,合理的制度安排也有助于降低交易成本、提高农业生产效率。因此,农业政策与制度经济学理论重点研究如何制定科学合理的农业政策和制度,以更好地服务于农业经济的发展和社会的进步。

(二)基于社会主义理念的农业经济研究基本理论

基于社会主义理念的农业经济研究基本理论,是建立在马克思主义政治经济学基础之上,结合中国国情和农业发展实践而形成的综合性理论体系,该理论旨在探讨在社会主义市场经济条件下,如何实现农业现代化、促进农民增收致富,以及推动农村社会的全面进步。首先,人是社会发展的主体和根本动力,也是农业生产中的重要因素。在社会主义制度下,人的价值应该得到充分尊重和发挥,农民的权益也应得到保障。因此,在农业经济研究中,需要关注农民的生产生活状况、收入水平、社会保障等方面,为提高农民的生活水平和幸福感提供科学依据。其次,市场经济是现代经济发展的主要模式之一,也是农业经济的重要组成部分。在社会主义制度下,市场机制仍然是资源配置的重要手段。因此,在农业经济研究中,需要关注市场的供求关系、价格形成机制、竞争与合作等方面,为农产品生产者、加工企业、政府决策提供参考依据。再次,可持续发展是当今世界共同追求的目标之一,也是农业经济发展的重要原则。在社会主义制度下,经济发展必须以保护生态环境为前提。因此,在农业经济研究中,需要关注生态环境的保护、资源的合理利用等方面,为实现经济的绿色发展和可持续发展提供科学指导。另外,城乡协调发展是实现全面建设社会主义现代化国家的必要条件之一,也是农业经济发展的重要目标。在社会主义制度下,城市和乡村之间应该建立平等互利的关系,实现资源共享、优势互补。因此,在农业经济研究中,需要关注城乡协调发展的政策措施和实践路径,为推进城乡一体化进程提供科学支持。

三、农业经济研究的基本方法

农业经济研究主要偏重应用研究,研究方法与其他经济研究大同小异,需要经过选题、资料收集和选取适当的研究方法等环节。

(一)农业经济研究的选题

农业经济研究的选题,是决定研究质量与价值的关键所在。选题应具备创新性、实用性、科学性和可行性。在农业经济领域,选题可从多个角度展开,以揭示农业经济的内在规律和发展趋势。首先,随着科技的不断进步,农业技术创新已成为推动农业发展的重要动力,研究农业技术的创新机制、扩散路径及其对农业生产效率、农民收入的影响,对于提升农业竞争力、促进农业可持续发展具有重要意义。其次,农业市场是农产品流通和交易的场所,对农业生产和农民收入具有重要影响。研究农业市场的供求关系、价格形成机制、市场结构以及农产品贸易政策,有助于揭示市场运行的内在规律,为政府制定合理的农业政策提供科学依据。再次,农业资源的可持续利用和生态环境保护是实现农业可持续发展的基础。研究农业资源的合理配置、农业环境的污染与治理、生态补偿机制等议题,有助于实现农业的绿色发展,促进经济与环境的和谐共生。此外,农业产业组织是农业生产的组织形式,产业结构的调整对于提高农业生产效率和农民收入具有重要意义。研究农业产业组织的演变、农业产业集聚与扩散、农业产业结构优化等议题,有助于推动农业产业的转型升级和提质增效。另外,农民收入是衡量农业生产效益的重要指标,农民消费则是反映农民生活水平的重要方面。研究农民收入的来源与构成、农民收入的增长与变化趋势、农民消费结构与需求等议题,有助于了解农民的真实需求,为政府制定合理的农业政策提供参考。

(二)农业经济研究的资料收集和选取适应的研究方法

农业经济研究的资料收集是研究过程中至关重要的一环,它直接关系研究结果的准确性和可靠性。为了确保资料的真实性、完整性和时效性,研究者需要采取一系列科学的方法和手段进行资料收集。首先,研究者需要明确研究目的和范围,确定所需资料的内容、类型和形式。这有助于针对性地收集资料,避免浪费时间和资源。其次,研究者应选择适当的资料收集方法。常用的方法包括文献调查、问卷调查、实地观察、实验等。这些方法各有优缺点,应根据研究目的和实际情况选择最适合的方法。①在选择文献调查时,研究者应对相关文献进行全面、系统的搜集和分析,以了解研究领域的前沿动态和研究成果。文献调查有助于节省时间和经费,提高研究效率。但需要注意的是,文献可能存在真实性、完整性和时效性问题。②问卷调查是一种常见的资料收集方法。通过设计科学合理的问卷,研究者可以系统地收集数据,并对数据进行统计分析。问卷调查具有较高的灵活性和针对性,但需要保证问卷设计的科学性和调查对象的代表性。③实地观察可以帮助研究者深入了解农业生产现场的情况,获取第一手资料。这种方法对于研究农业生产技术和组织形式等具有重要意义。然而,实地观察可能会受到时间、人力和资金等限制。④实验方法在农业经济研究中也比较常用。通过实验可以控制一些无关变量,揭示自变量与因变量之间的因果关系。实验方法要求严格控制实验条件,以确保实验结果的准确性和可重复性。除了选择适当的资料收集方法外,研究者还应注重资料的质量控制。这包括对资料的筛选、整理和分类等方面。筛选资料时,应剔除重复、虚假或无关的资料,确保资料的准确性和可靠性。整理资料时,应对资料进行分类、编码和排序,以便于后续的数据分析。分类时,应遵循科学、系统和可操作的原则,确保分类的合理性和实用性。在收集资料时,研究者还需考虑资料的可信度和可比性。可信度是指资料的可靠性、真实性和客观性。为了确保资料的可信度,研究者需要对收集到的资料进行多方面的验证和交叉印证,以确保其真实可靠。可比性是指在不同时间或不同地区收集到的资料之间具有一定的可比性,以便进行比较分析和趋势预测。为保证资料的可比性,研究者应遵循统一的标准和规范进行资料收集,并采用适当的统计方法和模型进行数据分析。此外,研究者还需要关注资料的时效性。农业经济研究涉及的领域往往具有明显的时效性,随着时间的推移,一些数据和信息可能已经发生变化或失去价值。因此,研究者应尽可能地收集最新的数据和信息,并定期更新数据库和资料库,以确保研究的时效性和实用性。

第二节 农产品流通的调查研究方法

一、农产品流通研究概论

(一)农产品流通研究的相关理论

农产品流通研究的相关理论是在主流经济学之外和在马克思主义经济学中发展起来的。这些理论主要关注农产品的市场流通、价格形成、供需关系等方面,旨在揭示农产品流通的内在规律和影响因素。首先,市场供求理论是经济学的基本理论之一,它揭示了市场价格的形成机制。在农产品流通领域,供求关系对农产品的价格和流通量起着决定性的作用。当供大于求时,农产品价格下降;当求大于供时,农产品价格上升。农产品流通研究通过分析市场供求状况,可以预测价格走势,为农产品生产和销售提供决策依据。其次,价值规律是马克思主义经济学中的核心理论之一,它揭示了商品价值与生产成本之间的关系。在农产品流通领域,价值规律对农产品的价格形成起着重要的调节作用。农产品的价值取决于生产成本和劳动价值,而市场价格则受到供求关系的影响。农产品流通研究通过分析价值规律,可以深入了解农产品的价格形成机制,为优化流通效率和促进农业可持续发展提供思路。再次,营销和渠道理论是现代企业管理的重要理论之一,它关注商品在市场上的推广和销售过程。在农产品流通领域,营销和渠道理论的应用有助于提高农产品的市场竞争力,扩大销售渠道和增加农民收入。农产品流通研究通过分析营销和渠道策略,可以为农产品生产者和销售者提供有效的市场营销手段,推动农产品的市场化和品牌化发展。另外,在农产品流通领域,信息不对称现象普遍存在,导致了市场交易的不稳定和市场失灵问题的发生。农产品流通研究通过分析信息经济学理论,可以为解决信息不对称问题提供思路和方法,促进农产品市场的稳定和健康发展。

(二)农产品流通的基本情况与特点

1. 美、法两国农产品流通的基本情况与特点

美国的粮食、蔬菜、水果、畜禽和水产品的流通主要有三种交易市场,即产销地批发市场、车站批发市场和零售市场。产销地批发市场一般位于产销地中心,生产者收获农产品后运往市场,利用产销地装卸企业的设备进行包装和发货。这种批发市场通常规模较大,承担着集散和调节市场供求关系的重要角色。车站批发市场则主要依靠铁路运输,将农产品从产地运往消费地,再通过当地的批发市场进行分销。零售市场则是消费者直接购买农产品的场所,通常包括超市、农贸市场等。美国的农产品流通体系还依托于完善的物流基础设施和信息技术。美国的高速公路和铁路网发达,水路运输也很发达,这为农产品的快速、高效运输提供了保障。同时,信息技术在农产品流通领域得到了广泛应用,如电子数据交换(EDI)、物联网(IoT)等技术的应用,使得农产品流通的信息化和智能化水平大幅提升。法国作为欧洲的农业大国,其农产品流通体系同样具有特色。法国的传统是在一个城市建一个批发市场,其农产品流通网络由大规模公益性批发市场和其他中小规模的农产品批发市场组成。其中,法国汉吉斯国际批发市场是世界上面积最大的批发市场之一,以法国为中心,把周边西欧诸国纳入商圈运销活动范围,规模极大,流通范围涵盖了德国、西班牙、意大利、荷兰等国。法国的农产品流通体系还注重多元化的流通渠道和合作化的营销方式。除了传统的批发市场,法国还大力发展农超对接、直销店、网购等多种流通渠道,使得农产品能够更加便捷地到达消费者手中。同时,法国的农业合作社也是其农产品流通体系的重要组成部分。农业合作社通过集中采购、集中销售等方式,提高了农产品的组织化程度和流通效率。

2.我国农产品流通的基本情况

我国农产品流通体系主要由生产、收购、加工、运输、储存和销售等环节构成。在生产环节,农民是主要的生产者,他们负责种植、养殖等农业生产活动。在收购环节,农产品收购商从农民手中收购农产品,将其集中到加工企业或批发市场。加工企业则对农产品进行清洗、分类、包装等加工处理,以提高其附加值和市场竞争力。运输环节是将加工后的农产品运往销售地点,通常通过公路、铁路、水路等运输方式来完成。储存环节则是为了保证农产品的品质和新鲜度,在合适的环境条件下进行储存。最终,农产品通过超市、农贸市场、餐饮企业等销售终端进入消费者手中。随着经济的发展和人民生活水平的提高,我国农产品流通市场呈现出蓬勃发展的态势。一方面,农产品的种类和数量不断增加,满足了消费者多样化的需求。另一方面,农产品流通方式和渠道也在不断创新,例如电商平台、社区团购等新兴渠道逐渐成为农产品流通的新趋势。然而,在农产品流通体系的发展过程中,也暴露出一些问题。首先无论是农产品的收购与加工,还是农产品的运输与储存等环节,都需要耗费大量的人力、物力和财力,增加了农产品的成本。同时,由于流通环节过多,也容易导致农产品品质和安全性的下降,而且部分生产者为了追求产量和效益,过度使用化肥、农药等化学品,导致农产品农药残留超标等问题。此外,虽然我国农产品流通信息化水平不断提升,但总体来说仍然较低,农民和相关企业缺乏对市场信息的了解和把握,导致农产品生产和销售存在盲目性。

二、研究农产品物流情况的调查方法

(一)相关调查研究的开展状况

为了深入了解农产品物流的发展状况,诸多学者和机构进行了大量的调查研究。农产品物流情况相关调查研究在多个层面展开。首先,在国家层面,政府机构如交通运输部、农业农村部等对全国农产品物流进行了宏观层面的调查,旨在掌握农产品物流的整体规模、运输结构、基础设施等方面的信息。这些数据为政府制定相关政策和规划提供了重要依据。其次,在地方层面,各级地方政府结合当地农业发展情况,对辖区内的农产品物流进行深入调查。调查内容包括地方特色农产品的物流状况、运输成本、流通效率等方面。这些调查结果对于地方政府优化农产品流通网络、提高物流效率、降低物流成本具有重要的指导意义。再次,学术界也对农产品物流情况进行了广泛研究。学者们通过实地调查、问卷调查和数据分析等方法,对农产品物流的各个环节进行深入剖析。研究领域涉及农产品物流成本、运输损耗、冷链物流、物流信息平台等方面。这些研究成果为学术界和业界提供了宝贵的理论支撑和实践指导。在具体调查研究方法上,多种手段相结合的方式被广泛应用。例如,采用问卷调查的方式获取农产品生产者、运输企业、销售商等各方的第一手数据,通过实地考察了解农产品物流设施建设和运行状况。此外,利用大数据和统计分析方法对收集到的数据进行处理和分析,挖掘农产品物流的内在规律和发展趋势。在调查研究内容方面,研究农产品从生产地到消费地的整个过程中的运输、仓储、包装等环节的成本构成,分析降低物流成本的途径和措施。针对不同农产品的特性,研究其在运输过程中的损耗率及影响因素,从而提出降低损耗的措施和方法。而且针对生鲜农产品易腐的特点,研究冷链物流的发展现状及存在的问题,提出完善冷链设施建设和提升冷链物流水平的建议。此外,探讨如何构建高效、透明的农产品物流信息平台,促进信息共享和资源整合,提升农产品物流的信息化水平。

(二)相关调查方法

根据农产品物流情况的相关调查方法,首先文献调查是获取宏观层面信息的重要手段,通过查阅相关政策文件、学术研究报告以及行业报告等资料,可以了解农产品物流的整体发展趋势、政策环境以及国内外先进经验等。这有助于从宏观层面把握农产品物流体系的运行状况,为进一步深入研究提供基础数据和理论支撑。其次,问卷访谈和座谈是直接获取一线实践经验和意见的有效方式。通过设计针对不同主体的问卷,例如农产品生产者、运输企业、销售商等,可以收集到关于物流环节中的具体问题、挑战以及成功经验等信息。座谈则提供了更加深入交流的机会,有助于更全面地了解各方的诉求和期望。观察法则是更为直观地了解实际操作过程和现场情况的方法。通过实地考察农产品物流节点、运输路线等,能够亲身体验物流过程中的实际问题,从而更加精准地发现问题所在。对于只针对农产品物流体系中某个方面或某个环节的情况进行调查,统计数据加抽样调查的方法具有一定的适用性。利用已有的统计数据进行抽样调查,可以在一定程度上反映该环节的整体情况。然而,由于我国农产品物流主体众多、物流量大面广、通道复杂等特点,这种方法很难深刻把握影响物流效率的区域差异及变化趋势的各种因素。为了更深入地探究这些因素,增加一些个案调查和典型调查是十分必要的。针对不同区域、不同主体和不同通道等具体情况,选取具有代表性的案例进行深入调查和分析,能够更准确地把握特定情境下的农产品物流问题。通过个案调查,可以了解不同地区农产品物流的发展状况、面临的挑战以及成功经验等,有助于发现区域间的差异和特点。而典型调查则可以聚焦于某一特定主体或通道,探究其在农产品物流体系中的作用和影响。

综合运用以上多种调查方法,可以更全面地了解我国农产品物流体系的实际情况。通过宏观与微观相结合、定性与定量相补充的方式,能够更准确地把握影响物流效率的区域差异及变化趋势的各种因素。在此基础上,进一步分析这些因素之间的内在联系和作用机制,有助于提出更具针对性的政策建议和实践指导,推动我国农产品物流体系的持续优化和发展。同时,需要强调的是,农产品物流体系是一个复杂而动态的系统,受到多种因素的影响。除了上述提到的调查方法外,还需要不断关注国内外农产品物流的最新动态和发展趋势,加强与相关领域的交流与合作,以便及时调整和完善研究方法与思路,确保调查研究工作的科学性和前瞻性。

第三节　农村金融的调查研究方法

一、农村金融研究概论

农村金融研究是农业经济专业的重要组成部分,它涉及农村金融的各种相关课题。农村金融的基本情况与特点是研究的出发点。农村金融具有地域性、季节性、周期性和风险性等特点,这些特点决定了农村金融市场的特殊性和复杂性。同时,农村金融市场也面临着资金供给不足、金融服务不健全等问题,这些问题也是农村金融研究的重要课题。农村金融研究对象包括农村金融机构、农村金融市场、农村金融服务等,研究目标可以是解决农村金融市场存在的问题、提高农村金融服务水平等。在确定研究对象和研究目标的基础上,需要构建适当的研究框架和研究方法。研究框架的构建需要考虑农村金融的实际情况和特点,可以从宏观和微观两个层面进行。宏观层面包括农村金融市场整体情况、政策环境等;微观层面包括农村金融机构经营状况、金融服务需求等。研究方法可以根据具体情况选择定量和定性两种方法,定量方法可以通过数据分析和模型预测等方法来分析问题;定性方法可以通过案例分析、访谈等方法来深入了解问题。此外,农村金融研究的成果可以为政策制定和实践指导提供有力支持。

二、研究农村金融供给的调查方法

(一)相关调查研究的开展状况

国外学术界关于农村金融供给的研究已经相当成熟。这些研究涵盖了农村金融市场的特点、供给模式、金融服务需求等方面,为解决农村金融问题提供了宝贵的理论支持和实践经验。相对而言,我国农村金融的市场化发展起步较晚,但随着改革开放的不断深入,学术界对农村金融供给的调查研究也越来越细化和深入。我国学者在借鉴国外先进研究经验的基础上,结合我国农村金融市场的实际情况,对农村金融供给问题进行了广泛而深入的研究。这些研究涉及农村金融机构经营、金融服务创新、政策环境等多个方面,为推动我国农村金融市场的健康发展提供了有力的学术支撑。具体而言,我国学者对农村金融机构经营状况进行了大量调查研究,分析了农村金融机构在服务"三农"中的作用及其存在的问题。通过对农村金融机构经营绩效的评价和比较,为农村金融机构的改革和发展提供了有益的参考。同时,学者们还对农村金融服务创新进行了研究,探讨了如何通过创新金融服务模式、产品和服务渠道等手段,提高农村金融服务水平。此外,还有学者对政策环境进行了深入研究,分析了政府在农村金融市场中的作用及其存在的缺陷,并提出了相应的政策建议。同时,学术类调查研究也有助于推动学术界的交流与合作,促进国内外学术研究的共同发展。

(二)相关调查方式

1. 对农村正规金融机构的相关研究

农村正规金融机构作为农村金融体系的重要组成部分,其经营状况和服务质量对农村经济的发展具有重要影响。因此,对农村正规金融机构的金融供给进行研究,具有重要的理论和实践意义。首先,研究农村正规金融机构的金融供给,需要对其经营现状进行深入了解。这包括了解其资产负债状况、经营收入、利润分配等方面的情况。通过这些数据,可以分析农村正规金融机构的盈利能力、资产质量和风险控制能力等,从而评估其经营状况和服务质量。其次,运营机制的研究可以帮助我们了解农村正规金融机构的组织结构、决策机制和业务流程等方面的情况,从而评估其运营效率和合规性。治理结构的研究则可以帮助我们了解农村正规金融机构的股权结构、董事会结构、高管薪酬等方面的情况,从而评估其公司治理水平和风险管理能力。此外,绩效管理的研究可以帮助我们了解农村正规金融机构的绩效考核体系、激励机制和员工培训等方面的情况,从而评估其绩效管理水平和服务质量。风险管理的研究则可以帮助我们了解农村正规金融机构的风险识别、评估和控制等方面的情况,从而评估其风险管理和抵御风险的能力。

除了以上几个方面,制度创新的研究可以帮助我们了解农村正规金融机构在制度建设、产品创新和服务创新等方面的情况,从而评估其创新能力和市场竞争力。企业文化的研究则可以帮助我们了解农村正规金融机构的企业精神和员工归属感等方面的情况,从而评估其企业文化的健康度和凝聚力。例如,对于经营现状的研究,可以采用财务分析的方法对农村正规金融机构的财务报表进行分析,以评估其经营状况和服务质量。对于运营机制和治理结构的研究,可以采用问卷调查和访谈的方法对农村正规金融机构的员工和管理层进行调查,以了解其组织结构和决策机制等方面的情况。对于绩效管理和风险管理的研究,可以采用定性和定量的方法对农村正规金融机构的绩效考核体系和风险管理体系进行评估和分析。例如,通过研究农村正规金融机构的治理结构,可以提出相应的改革建议,提高其公司治理水平和风险管理能力。通过研究农村正规金融机构的绩效管理,可以优化其绩效考核体系和激励机制,提高其服务质量和市场竞争力。这些研究成果可以为政府制定相关政策提供科学依据,为金融机构提供实践指导,为农民提供更好的金融服务。

2. 对农村非正规金融的相关研究

对农村非正规金融的基本情况进行研究是十分有必要的,这包括了解其产生的原因、发展历程和现状等方面的情况,通过这些研究,可以深入了解农村非正规金融在农村经济发展中的作用和地位,以及其与正规金融之间的关系。同时,由于农村非正规金融的主体多样,其金融供给方式也多种多样。研究这些金融供给方式的特点和运作机制,可以帮助我们了解农村非正规金融如何满足农民和小微企业的金融服务需求,以及其在金融服务市场中的竞争优势和不足之处。此外,对农村非正规金融市场的发展情况进行研究也尤为关键,这包括了解其市场规模、市场份额、竞争格局等方面的情况,通过这些研究,可以评估农村非正规金融市场的成熟度和可持续性,以及其未来发展的潜力和趋势。风险控制是农村非正规金融发展中的重要问题之一。对其风险控制情况进行研究可以帮助我们了解农村非正规金融如何应对信用风险、市场风险和操作风险等方面的问题。此外,对农村非正规金融的监管情况进行研究也是非常重要的。由于其非正规的性质,农村非正规金融的监管一直是一个难题。研究其监管现状和存在的问题可以帮助我们提出相应的监管建议和政策措施,以促进农村非正规金融的健康发展。

在实际调查工作中,需要根据不同的研究范围和研究目的,确定相应的研究内容和方法。例如,对于基本情况的研究,可以采用文献资料法和实地调查法相结合的方法,收集相关数据和资料并进行统计分析,对于金融供给方式的研究,可以采用案例分析法对不同非正规金融机构的运作机制和服务模式进行深入剖析。对于市场发展情况的研究,可以采用定量分析法对市场规模和市场份额等方面进行数据分析。对于风险控制的研究,可以采用定性和定量相结合的方法对风险识别、评估和控制等方面进行深入研究。对于对社会的影响的研究,可以采用问卷调查和访谈等方法对相关利益方进行调查和分析。通过深入开展调查研究,我们可以为解决农村非正规金融面临的问题提供科学依据和实践指导。例如,通过研究其风险控制情况,可以提出相应的风险管理和内部控制措施;通过研究其监管情况,可以提出相应的监管政策和措施;通过研究其对社会的影响,可以提出相应的规范和引导措施。

第四节　农业宏观经济管理与财政的调查方法

一、农业宏观经济管理理论

(一)主流经济学的农业宏观经济管理理论

主流经济学农业宏观经济管理理论是现代农业经济管理领域的重要指导思想,这些理论主要基于主流经济学的基本原理,如供需法则、市场均衡、资源最优配置等,并结合农业自身的特点,形成了系统化的理论框架。在农业宏观经济管理中,主流经济学理论的应用主要集中在农业政策制定、资源配置、价格形成机制等方面。首先,主流经济学理论认为,政府可以通过农业政策来干预和调节农业生产和市场活动,以实现农业的可持续发展和农民的增收。例如,政府可以通过价格支持政策、补贴政策、土地政策等手段来影响农业生产,调节市场供求关系,促进农业产业的稳定发展。其次,主流经济学理论强调资源的稀缺性和最优配置原则,认为农业资源的配置应该以实现最大的经济效益为目标。在此基础上,农业经济管理理论提出了一系列的资源配置方法,如农业生产计划、土地利用规划、农业技术推广等,以提高农业生产的效率和效益。在市场经济条件下,价格是调节供求关系和资源配置的重要手段。主流经济学理论认为,合理的农产品价格体系应该能够反映市场供求关系和资源稀缺性,同时也要考虑农民的利益和消费者的需求。在此基础上,农业经济管理理论提出了一系列的价格形成机制,如价格支持机制、价格干预机制等,以保障农民的利益和市场的稳定。

在实际应用中,主流经济学的农业宏观经济管理理论需要结合具体国情和农业发展阶段进行适当的调整和完善。例如,在我国这样的发展中大国,农业经济管理面临着人多地少、资源紧张的局面,因此需要更加注重提高农业生产效率和资源利用率的措施和方法;同时,政府也需要加大对农业的支持力度,通过制定合理的农业政策和投入更多的资源来促进农业的可持续发展。此外,随着全球经济一体化的深入发展,农业经济管理还需要更加注重国际市场的变化和国际贸易规则的影响。主流经济学的农业宏观经济管理理论需要不断更新和完善,以适应新的国际形势和发展需求。例如,如何应对国际贸易保护主义的抬头、如何提高我国农产品的国际竞争力等问题,都需要在主流经济学的指导下进行深入研究和探讨。

(二)发展经济学的农业宏观经济管理理论

随着对发展中国家经济的深入了解,对于农业宏观经济管理的认识经历了诸多变化,特别是在对农业在国家经济发展中的地位和作用方面。20世纪50年代,大多数发展经济学家主要从比较效益的角度来认识农业的地位和作用。他们认为农业是相对低效的领域,强调政府应支持工业发展,并将农业资源尽快转移到非农业部门。这种观点源于当时对农业重要性的普遍低估和对工业发展带动经济增长的过分乐观预期。然而,随着时间的推移和经验的积累,发展经济学家们开始意识到农业在发展中国家经济中的重要地位。农业不仅是国家粮食安全的基础,还为工业提供原材料和市场,同时在吸纳农村剩余劳动力、维护社会稳定方面发挥着不可替代的作用。在这样的背景下,农业宏观经济管理理论逐渐转向更加综合和平衡的发展观。在新的农业宏观经济管理理论中,政府对农业的支持被视为促进农业发展的关键因素。这种支持并不仅仅局限于财政补贴,而是涉及农业技术推广、基础设施建设、市场体系完善等多个方面。通过加强农业科技创新,提高农业生产效率和农产品附加值,有助于增强农业的竞争力,使其在国内外市场上获得更好的收益。同时,农业宏观调控也需要关注农村的可持续发展。这包括促进农村产业结构多元化,发掘农村经济潜力,以及保护农村生态环境。通过合理的土地利用政策和资源管理措施,确保农业生产和生态保护之间的平衡,从而实现农村经济和环境的双重目标。此外,发展中国家农业宏观调控还需要关注国际市场的变化和农产品贸易政策。随着全球化进程的加速,农产品贸易成为各国经济发展的重要驱动力。发展中国家需要积极参与国际农产品贸易,通过加强合作与交流,提高本国农产品的国际竞争力。同时,还需要关注贸易保护主义措施和农产品价格波动对国内农业的影响,以制定出更加稳健的农业宏观经济管理策略。

(三)中国特色社会主义市场经济的农业宏观经济管理理论

中国特色社会主义市场经济的农业宏观经济管理理论强调了市场机制在农业发展中的作用。首先,在传统的计划经济体制下,农业生产和资源配置主要依靠政府计划和行政指令。然而,这种体制存在着信息不对称、激励不充分等弊端,导致农业生产效率低下、资源浪费等问题。中国特色社会主义市场经济的农业宏观经济管理理论主张充分发挥市场机制在农业发展中的作用,通过价格机制、供求机制、竞争机制等手段来调节农业生产和资源配置,提高农业生产效率和资源利用效率。其次,由于农业生产的特殊性和复杂性,单纯依靠市场机制难以解决农业发展中的一些问题,如农业投资不足、农民组织化程度低等。因此,政府应该在农业发展中发挥支持和保护作用,通过制定农业政策、增加农业投入、加强农业基础设施建设等措施来促进农业的可持续发展。再次,可持续发展是现代经济发展的必然要求,也是中国特色社会主义的重要内涵之一。在农业发展中,应该注重生态环境的保护和自然资源的可持续利用,实现经济效益、社会效益和生态效益的统一。具体来说,应该推广绿色生产技术、加强农业生态环境保护、合理利用自然资源等措施,促进农业的可持续发展。另外,农民是农业生产的主体,也是农业发展的主要力量。在传统的计划经济体制下,农民的主体地位被忽视,导致农业生产缺乏活力和创新。中国特色社会主义市场经济的农业宏观经济管理理论强调农民的主体地位,通过培育新型职业农民、加强农民组织化建设等措施来激发农民的创新活力,促进农业的发展。

二、相关调查方法

(一)关于农业宏观调控的相关调查

随着经济的快速发展和人口的增长,农业面临的挑战越来越严峻。农产品需求不断增长,而耕地面积不断减少,加之自然灾害和市场波动的风险,使得农业生产面临诸多不确定性。在此背景下,政府对农业的管理和调控显得尤为重要。农业宏观调控的意义在于保障农产品供给安全,稳定市场秩序,提高农民收入,促进农业可持续发展。通过合理的宏观调控政策,政府可以有效应对市场失灵和自然风险,确保农业生产的稳定性和农产品的有效供给。农业宏观调控的手段主要包括经济手段和行政手段,政府通过财政支农、税收优惠、金融支持等方式,调节农业资源的配置和农业生产的投资,行政手段则是政府在特定情况下采取的必要措施,如对农业实行指令性计划、价格管制等。

通过实施农业生产计划和储备制度等宏观调控措施,政府有效稳定了农产品供给,保障了市场供应的连续性和稳定性。这有助于防止农产品价格的剧烈波动和供需失衡的现象发生。在宏观调控政策的引导下,农业生产逐步向规模化、专业化方向发展,提高了生产效率和资源利用效率。这使得农产品的供给更加稳定可靠,满足了人民日益增长的物质需求。宏观调控政策通过提供补贴、税收优惠等措施增加了农民收入来源的多样性,提高了其抵御自然灾害和市场风险的能力并有效促进了农民增收和生活水平的提高。随着农业科技推广和农业机械化程度的提高,农民的生产效率得到提高从而提升了农民的收入水平。另外政府支持农村产业结构调整和发展特色优势产业也为农民提供了更多的就业机会和增收渠道。

(二)关于食品安全监管的相关调查

食品安全监管作为现代社会管理的重要内容,其目的在于确保食品质量和安全,维护消费者的权益,以及促进社会的稳定。这个领域的研究更倾向于采用社会学和制度经济学的分析方法,以深入探究食品安全问题的根源和解决之道。从社会学的角度来看,食品安全监管是一个涉及广泛的社会问题。食品的生产、加工和销售链条漫长且复杂,涉及众多的利益相关者,包括生产者、消费者、政府、企业等。这些利益相关者之间的互动关系和利益冲突是导致食品安全问题的主要原因之一。因此,社会学的研究方法在食品安全监管中尤为重要,通过对社会结构和行为的深入分析,可以更好地理解食品安全问题的社会背景和影响因素。制度经济学为食品安全监管提供了重要的理论框架和分析工具。制度经济学关注制度、规则和治理结构对经济行为的影响,这为食品安全监管的研究提供了独特的视角。通过分析食品安全监管制度的形成、演变和效率,可以揭示监管政策对食品产业和经济的影响。此外,制度经济学还强调市场失灵和政府干预的必要性,为食品安全监管的政策制定提供了理论基础。在实际的食品安全监管调查中,研究者通常采用多种方法相结合的方式。例如,定性研究方法可以通过深入访谈、观察和文献资料分析来了解食品安全问题的实际情况和利益相关者的观点。定量研究方法则可以通过数据分析和统计模型来评估食品安全监管政策的效果和影响。此外,案例研究方法也被广泛应用于食品安全监管的调查中,通过对具体事件或政策的深入剖析,可以揭示食品安全问题的内在机制和解决之道。

第四章　农业经济发展趋势

第一节　土地资源的保护

一、土地资源的基本特性

土地资源,作为地球表面上的自然资源和经济资源,具有其独特而重要的特性。首先,其面积的有限性是土地资源的基本属性。在较短的时间范围内,全球或特定类型的土地资源面积被认为是相对稳定的,是有限的。然而,从长期的角度来看,对于某个特定国家或区域而言,土地资源的面积并非一成不变。通过诸如围海造地、泥沙沉积等自然或人为的方式,可以使土地资源的面积得到改变和扩充。其次,土地资源的另一个特性是其位置的固定性。每一片土地都有其特定的地理位置,这是固定不变的,无法移动的。这种地理位置的固定性导致了土地利用在社会和经济条件的影响下,呈现明显的地域性差异。正是因为土地资源的面积和位置的固定性,我们才能准确地测量土地资源的面积、标识其空间位置并监测其变化。此外,土地利用的永续性也是土地资源的重要特性之一。在政治稳定和经济健康发展的背景下,只要进行合理有效的利用,土地的生产能力和价值水平就能够持续提高。从这个意义上讲,土地资源是一种可再生资源。这种可再生性确保了土地资源的可持续利用。土地资源利用的可持续性主要体现在"数量"和"质量"的永续性两个方面。无论是在自然状态下的未开发土地,还是在经过人类活动改造后的耕地、林地、草地等,其存在形式都是相对稳定的。只要人类不进行过度干预或破坏,这些土地的存在形式就能够保持相对持久。而且在适当的利用和管理下,土地资源的生产能力可以持续提高和增强。通过科学的农业措施、植树造林等手段,土地资源的生产能力可以得到有效保护和提升。并且土地作为重要的生产要素之一,其经济效益是随着时间的变化而变化的。为了实现土地资源的经济效益永续,必须通过合理的规划和管理手段来提高土地资源的利用效率和经济价值。另外,在利用和管理土地资源的过程中,必须注重保护生态环境,维护生态平衡。只有这样,才能确保土地资源的可持续利用和长期效益的实现。

二、我国土地资源的基本特点

我国土地面积居世界第三位,幅员辽阔,地势西高东低,呈三级阶梯分布,这使得我国拥有多种地貌类型,如山地、高原、盆地、平原等,这些地貌类型各有其独特的生态系统和经济价值,为我国的农业、林业、牧业、渔业等产业发展提供了丰富的土地资源。一方面,我国山地多、平地少,这使得土地资源的开发利用难度较大。特别是在山地地区,由于地形复杂、土壤贫瘠、降雨量大等特点,土地的利用效率较低,而且容易发生水土流失等自然灾害。另一方面,农业用地绝对数量多,但人均占有量少。虽然我国拥有广阔的耕地和林地,但由于人口众多,人均耕地面积和森林面积相对较少。这使得我国土地资源的利用面临较大压力,需要不断提高土地利用效率,以满足日益增长的人口需求。此外,我国宜林地较多,宜农地较少,后备土地资源不足。这意味着我国土地资源的开发利用已经接近极限,需要加强土地资源的保护和修复工作,以提高土地的生产力和质量。同时,我国土地资源分布不平衡,土地生产力地区间差异显著,这主要是由于气候、地形、土壤等自然条件的影响,以及社会经济发展水平的差异所致,这种不平衡的土地资源分布,使得我国土地资源的开发利用需要因地制宜,采取不同的策略和措施。

为了实现我国土地资源的可持续利用和社会的可持续发展,需要加强土地资源的保护和修复工作,通过采取水土保持、土地复垦等措施,提高土地的生产力和质量,减少土地退化和荒漠化,加强土地资源的规划和管理,控制不合理的人类活动对土地资源的破坏和污染。

根据土地资源的自然条件和社会经济发展水平,因地制宜地制定土地利用规划和管理措施。例如,在山地地区,可以发展特色农业、林业等产业;在平原地区,可以发展规模化农业、工业等产业。同时,要注重提高土地利用效率,避免浪费和过度开发。另外,建立科学的土地资源产权制度和流转机制。同时,鼓励创新和探索新的土地利用模式和管理方式,以适应社会经济发展的需要。

第二节　农业资源的可持续利用

一、资源、农业资源的可持续利用与管理概念

资源是自然界中能够为人类提供生存、发展等所需物质和条件的天然来源。资源不仅为人类提供物质基础,还是人类社会发展的重要支撑。农业资源作为资源的一种类型,是人类农业生产活动中所利用的资源,包括土地、水、气候、生物等自然资源以及农业科技、农业信息等社会经济资源。农业资源的可持续利用是保障国家粮食安全和农业可持续发展的基础条件。对于人类而言,农业是提供食物和其他农产品的基础产业,而这些食物和其他农产品是人类生存和发展的必要条件。农业资源的丰富程度直接决定了农产品的供应量和品质,进而影响到人类的生存质量和社会的稳定发展。同时,农业资源的可持续利用对于维护生态平衡和保护环境也具有重要作用。农业资源的合理利用可以减少对环境的破坏和污染,促进生态系统的平衡和稳定,从而保障地球生态的可持续发展。土地资源是农业资源中最为基础和重要的部分,为农作物生长提供所需的土壤、气候等条件。土地资源的数量和质量直接影响农产品的产量和质量,进而影响到人类的生存和发展。因此,土地资源的可持续利用也是保障农业可持续发展的重要条件。土地资源的合理利用可以减少土地退化和荒漠化,保持土壤肥力和生态平衡,从而保障农业生产的可持续性。

在面对全球气候变化、生态环境恶化、粮食安全等挑战的背景下,如何实现资源的可持续利用和农业的可持续发展已成为当前亟待解决的问题。为此,需要采取一系列科学合理的措施和策略来应对这些挑战。一方面,要加强资源管理和保护,提高资源利用效率,减少浪费和污染。例如,推行节约型农业生产方式,合理配置水资源,加强土壤保护和修复等措施,以保障农业资源的可持续利用。另一方面,要推进科技创新和制度创新,促进农业的转型升级和现代化。例如,发展智能农业、生态农业、循环农业等新型农业业态,提高农业的产出效益和竞争力;同时加强农业政策和制度的制定与完善,为农业的可持续发展提供有力保障。

资源,作为人类社会发展的基石,涵盖了从自然资源到社会资源的广泛领域。其中,农业资源作为直接关系人类生存与发展的关键资源,其可持续利用

的概念尤为重要。农业资源的可持续利用,不仅是保障国家粮食安全和社会稳定的重要前提,也是实现生态平衡和环境保护的必要条件。首先,可持续利用强调的是在满足当前人类需求的同时,不损害后代人满足自身需求的能力,对于农业资源而言,这意味着要在合理、高效、持久的原则下利用土地、水、生物等资源,以保障农业的长期稳定发展和生态环境的健康。其次,农业资源的可持续利用需考虑多方面的因素。首要的是土地资源的可持续利用。土地作为农业生产的基础,其质量和数量对农业产出有着决定性的影响。因此,要采取科学合理的土地管理措施,防止土地退化、土壤污染和水土流失等问题,保持土地的生产力和生态功能。再者,水资源的可持续利用也是关键。农业是水资源消耗的主要领域,因此,需要建立完善的水资源管理体系,优化水资源的配置和使用,减少浪费和污染,这包括改进灌溉技术、推行节水农业、加强水资源的合理开发和保护等措施。另外,农业资源的可持续利用需要政府、企业和农民共同努力,政府应加大监管和执法力度,为农业可持续发展提供政策保障;企业应积极履行社会责任,推广环保技术和可持续发展模式;农民作为直接从事农业生产的主要力量,应增强环保意识和资源节约意识,采取科学合理的农业生产方式,促进农业的绿色发展。

二、农业资源可持续利用与综合管理的理论内涵和实现途径

(一)人与自然协调发展原理及其对策途径

人与自然的关系是人类社会与自然界之间相互依存的关系,同时也是相互作用的关系,这种关系是人类生存和发展的基础,因为人类依赖于自然资源进行生产和生活活动,人类的活动也影响着自然环境的状况。人与自然关系的实质是劳动过程,即人类通过劳动利用自然资源来创造财富的过程。从资源概念的角度来看,人与自然系统是社会资源与自然资源和环境要素的结合。社会资源主要指人类社会中的文化、科技、人力资源等,而自然资源则包括土地、水、矿产、森林等天然存在的资源。环境要素则是指气候、地形、水文等自然条件,它们共同构成了人类生存和发展的基础。人与自然系统的结合,形成了劳动(生产)过程。在这一过程中,人类通过劳动利用自然资源创造财富和产品,以满足自身的需求。这个过程是动态的,随着人类社会的发展和技术的进步,人们对自然资源的利用方式和效率也在不断提高。人与自然关系的核

心是人的劳动过程,即人利用资源、创造财富的过程。这个过程不仅涉及对自然资源的直接利用,如采矿、农业、渔业等,也涉及通过科技手段对自然资源进行加工和转化,如制造业、能源开发等。在这个过程中,人类不断地开发和利用自然资源,同时也对自然环境产生影响,如环境污染、生态破坏等。为了实现人与自然关系的可持续发展,我们需要重新审视和调整我们对自然资源的利用方式。我们需要更加注重资源的可持续性,采取科学合理的管理措施和技术手段,以减少对自然环境的负面影响。同时,我们也需要认识到自然资源的有限性,合理配置和利用资源,以确保人类社会的长期稳定发展。

在面对自然资源有限性和生态环境变化的背景下,实现人与自然的协调发展已成为当今社会的迫切需求。人与自然协调发展原理,作为一种理念和实践的指导原则,旨在寻求人类活动与自然环境的和谐共生。首先,协调发展强调的是人类社会与自然环境之间的平衡与和谐,它要求我们在开发和利用自然资源的同时,充分考虑生态环境的承载能力和自然资源的可持续性,通过合理配置资源、保护生态环境、促进绿色发展等方式,实现人类社会与自然环境的相互促进和共同发展。这就需要加强生态环境保护和修复,包括减少污染物的排放、改善水质和空气质量、恢复退化生态系统等方面,通过实施严格的环保法规和标准,提高环境治理能力,降低人类活动对自然环境的负面影响。其次,促进绿色发展和可持续利用是实现协调发展的关键路径,这意味着转变传统的高消耗、高污染的发展模式,转向资源节约型、环境友好型的经济发展模式。推广清洁能源、优化产业结构、发展循环经济等措施,有助于降低对自然资源的依赖和环境压力。最后,加强科技创新和教育普及也是实现协调发展的支撑要素,通过科技创新,我们可以研发更多高效、环保的资源利用技术和生态保护方法,提高资源利用效率和环境保护水平。同时,加强环保教育普及,增强公众的环保意识和参与度,形成全社会共同参与生态环境保护的良好氛围。

在实践层面,各国政府应发挥主导作用,制定和实施相应的政策和措施,推动人与自然协调发展。政府应加大对生态保护和绿色发展的投入,加大环境监管和执法力度,促进国际合作与交流,共同应对全球性的环境问题。同时,鼓励企业积极参与环保行动,推动绿色产业和循环经济的发展,形成经济效益与生态效益相统一的产业格局。还要鼓励社会各界应多方力量积极参与,形成推动人与自然协调发展的强大合力。非政府组织、研究机构、社区等各方力量应发挥各自优势,共同参与到生态环境保护和绿色发展的实践中来,通过建立多元化的合作机制和平台,加强信息共享、经验交流和科技创新等方面的合作,共同推进人与自然协调发展的进程。还要充分认识到人与自然协调发展是一个长期而复杂的过程,它需要我们在实践中不断探索和创新,不断完善政策和措施,以适应不断变化的环境条件和社会需求。

自然资源是有限的,过度开发和利用会导致资源枯竭和生态环境的恶化。因此,我们需要采取科学合理的资源管理措施,合理配置和利用自然资源,以保障自然资源的可持续性。此外,传统的发展模式以高消耗、高污染为特征,导致资源浪费和环境破坏。为了实现协调发展,我们需要转变这种发展模式,转向资源节约型、环境友好型的经济发展模式,这包括推广清洁能源、优化产业结构、发展循环经济等措施。通过这些措施,我们可以降低对自然资源的依赖和环境压力,提高经济效益和生态效益的统一。而随着科技的不断进步和创新,我们可以研发更多高效、环保的资源利用技术和生态保护方法。通过科技创新,我们可以提高资源利用效率和环境保护水平,为协调发展提供技术支持。政府应加大对生态保护和绿色发展的投入,鼓励企业积极参与环保行动,推动绿色产业和循环经济的发展。同时,培养公众的环保意识和参与度是实现协调发展的必要条件,通过教育和宣传,提高公众对环境保护的认识和理解,增强环保意识和责任感。鼓励公众参与到环保行动中来,形成全社会共同参与生态环境保护的良好氛围。而且,培养人才创新能力和环保素养也是实现协调发展的重要途径,政府、学校和企业应加强环保教育,增强人才的环保意识和创新能力,为可持续发展提供智力支持。此外,政府应制定和实施相应的政策和法规,以引导和规范人类活动与自然环境的和谐共生。这包括资源管理政策、环境保护法规、绿色产业发展政策等,通过加大环境监管和执法力度,提高违法成本,形成对环境保护的有力保障。另外,地球是一个整体,生态环境问题具有全球性特征。因此,各国应加强国际合作与交流,共同应对全球性的环境问题,通过分享经验、交流技术、合作研发等方式,推动全球生态环境保护和绿色发展进程。

(二)资源稀缺性原理及其对策途径

自然资源是有限的,地球上的矿产、森林、水等资源都是有限的,而人类的生存和发展却离不开这些资源。此外,环境要素也对资源的供给产生影响,如气候、地形、水文等自然条件限制了资源的可获取性和利用效率。资源的稀缺性也体现在资源的不可再生性上。许多资源需要经过漫长的地质年代才能形成，如石油、煤炭等化石燃料。这些资源的形成速度远远赶不上人类的消耗速度，因此是不可再生的。一旦用尽，将难以替代。而且，不同地区、不同国家之间的资源分布极不均衡，一些地区可能拥有丰富的资源，而另一些地区则资源匮乏。资源的供给也受到多种因素的影响，如自然灾害、政治风险、市场波动等，这些都增加了资源获取的不确定性。并且它促使人们更加注重资源的节约和有效利用，以适应资源的有限供给，通过技术创新和生产方式的改进，提高资源利用效率，减少浪费，成为经济发展的重要方向。此外，市场机制在资源配置中发挥着重要作用，通过价格信号引导资源流向高效率的领域，实现资源的合理配置。政府也通过制定相关政策和法规来调节资源的供给和需求，保障资源的可持续利用。另外，循环经济强调资源的循环利用和废弃物的减量化，旨在降低对自然资源的依赖和环境负担。绿色产业则致力于开发可再生能源和环保技术，减少对传统资源的依赖，促进经济与环境的协调发展。

面对自然资源的有限性和需求的无限性，技术革新与技术进步成为缓解资源稀缺性的关键对策，通过推动科技创新，我们可以发现新的稀缺资源及其替代品，提高资源的合理开发利用，实现持续、高效、集约的利用模式，并对农业资源和环境进行综合管理，这种对策途径不仅有助于取得最佳的综合效益，而且为资源的可持续利用提供了强大的技术支持。随着科学技术的不断进步，人类对自然资源的认识越来越深入，开发利用能力也不断提高。通过新技术和新方法的研发，我们可以发现新的资源或替代品，从而弥补资源的短缺。例如，随着可再生能源技术的不断发展，太阳能、风能等新能源已经逐渐成为传统化石燃料的替代品，为缓解能源资源的短缺提供了可能。通过改进生产工艺和设备，提高资源利用效率，降低浪费，我们可以实现资源的更高效利用。同时，新技术的发展还可以提高产品的产出率，增加单位资源所带来的经济效益。例如现代化的农业技术可以提高农作物的产量和质量，从而减少了对土地、水等资源的过度依赖。而且通过技术手段，我们可以实现资源的集中管理和高效配置，提高规模经营的效益。同时新技术的发展还可以促进资源的循环利用和废弃物的减量化处理，从而实现资源的可持续利用。例如智能化的农业管理系统可以实现精准农业和资源的高效利用，减少对环境的负担。此外，随着环境问题的日益突出，保护生态环境已经成为可持续发展的重要前提。通过发展环保技术和生态修复技术,我们可以实现对农业资源和环境的综合治理,促进生态系统的平衡和稳定。例如,土壤修复技术、水资源保护技术等可以为农业生产和生态环境保护提供技术支持。

第三节 发展农业循环经济

一、实现农业可持续发展

随着社会的发展和环境问题的日益突出,传统的农业发展模式已经无法满足现代社会的需求。为了寻求新的发展道路,一种新型的农业发展模式——农业循环经济,逐渐受到人们的关注和认可。农业循环经济是一种以资源节约和废弃物减量化为主要目标的新型农业发展模式。它通过将废弃物转化为有价值的资源,实现资源的最大化利用,从而降低资源消耗和废弃物排放,提高农业生产效率和管理水平,实现农业的可持续发展。传统的农业发展中,往往存在着资源浪费和废弃物排放过多的问题,这不仅对环境造成了污染,也制约了农业的可持续发展。而农业循环经济则通过进行科学合理的规划和管理,将废弃物转化为肥料、饲料等有价值的资源,从而实现资源的循环利用。在实践中,我们可以采取多种方式来实现资源的循环利用。首先,合理施肥和科学种植是其中的重要手段,通过减少化肥的使用量,我们可以降低土壤和水体的污染,同时提高农作物的产量和质量。其次,养殖业和种植业的有效结合也是一种有效的废弃物再利用方式。这种结合不仅可以提高农业生产的效益,还可以通过粪便等废弃物的再利用,降低环境污染,同时提高农作物的产量和质量。最后,推广和应用农业循环经济不仅可以增强农业生产者的环保意识和管理水平,还可以促进农业生产方式的转变,实现农业生产的绿色化和可持续发展。同时,这也将为农村经济的发展注入新的动力。通过学习和掌握循环利用的技能和方法,农业生产者可以更加科学地管理农业生产,减少环境污染的同时,提高农业生产的产量和质量。

二、保护生态环境

农业循环经济是一种新型的经济发展模式,它强调废弃物的再利用和资源化利用,以减少对环境的污染和破坏,保护和改善农村生态环境。在传统的农业经济模式下,废弃物通常被视为无用的废物,被随意丢弃,导致环境污染和生态破坏。然而,农业循环经济倡导将废弃物视为一种资源,通过科学的方法和技术,将其转化为有价值的再生资源,从而实现资源的最大化利用。这种经济发展模式不仅有助于减少环境污染,而且还能促进农村生态环境的改善。废弃物的再利用和资源化利用不仅可以减少对自然资源的过度开采,降低对环境的压力,而且还能创造更多的经济价值。此外,农业循环经济还可以促进农村产业结构的优化和升级,推动农村经济向绿色、低碳、可持续的方向发展。推广和应用农业循环经济具有以下几个重要意义。第一,它有助于实现资源的可持续利用,减少资源浪费和环境污染;第二,它能够促进农村经济的多元化发展,推动农村产业结构的升级和转型;第三,农业循环经济将有助于建设美丽乡村,提高农民的生活质量,实现农村的可持续发展。因此,我们应该积极推广农业循环经济,推动农业经济的转型和升级。政府应该出台相关政策,鼓励和支持农业循环经济的发展,同时提供技术支持和资金支持。农民也应该积极学习和掌握农业循环经济的理念和技术,提高自身的生产技能和管理水平。只有这样,我们才能真正实现农业经济的转型和升级,保护环境、改善农村生态环境,促进农村经济的可持续发展。

三、增加农民收入

农业循环经济是一种新型的农业发展模式,它通过科学合理的农业生产方式和管理手段,为农民带来了许多好处。这种发展模式不仅有助于提高农产品的产量和质量,满足人们日益增长的食物需求,还可以为农民带来更多的收益,促进农业的可持续发展。

农业循环经济强调科学合理的农业生产方式,通过这种方式可以有效地提高农作物的生长速度和产量,同时也可以提高农产品的质量,使其更加符合市场需求。这种发展模式不仅可以满足人们日益增长的食物需求,还可以为农民创造更多的经济价值。农业循环经济还可以促进废弃物的循环利用。在传统的农业生产中,废弃物通常会被随意丢弃,不仅浪费了资源,还可能对环境造成污染。而农业循环经济则提倡将废弃物进行分类、处理和再利用,将其转化为新的农产品和资源。例如,废弃的农作物秸秆可以转化为有机肥料,用于农田的施肥;废弃的蔬菜、水果可以加工成果蔬干、果蔬汁等产品,成为新的农产品;废弃的畜禽粪便可以转化为有机肥、生物燃料等资源。这些新的农产品和资源不仅可以为农民带来更多的收益,还可以减少对环境的污染,实现农业生产的良性循环。此外,农业循环经济还可以提高农业生产效率和管理水平。通过科学合理的农业生产方式和管理手段,可以有效地减少农业生产中的资源浪费和环境污染,提高农作物的生长速度和产量,同时也可以提高农产品的质量。这不仅可以提高农业生产的经济效益和社会效益,还可以为农业的可持续发展奠定基础。

四、促进农村经济发展

农业循环经济的发展在农村地区具有巨大的潜力,它不仅可以促进农村经济的发展,而且能够为农民带来实实在在的好处。这种经济模式强调资源的循环利用和高效利用,通过推广生态农业技术,我们可以提高农业生产效率,降低生产成本,同时也有助于保护环境,实现可持续发展。发展农村沼气工程是农业循环经济的一个重要方面。沼气是一种清洁能源,可以用来做饭、照明,甚至用于农业灌溉,既环保又经济。通过建设农村沼气工程,我们可以为农村地区提供一种可持续的能源解决方案。例如沼气池的运营还可以带动建材产业和运输产业的发展,建设农村沼气工程还可以促进农民生活水平的提高,改善农村环境,实现经济效益和环境效益的双赢,建设现代农业园区也是推动农业循环经济发展的重要手段。现代农业园区通常包括高科技农业设施、先进的农业技术、现代化的管理方式等,能够提高农业生产效率,提高农产品产量和质量。同时,现代农业园区还可以吸引投资,创造更多的就业机会。现代农业园区的建设需要大量的技术和管理人才,这不仅可以吸引人才回流,还可以带动相关产业的发展,如教育、培训等产业。

五、增强农业国际竞争力

发展农业循环经济是我国农业发展的新趋势,这一趋势有利于提高我国农产品的质量和安全性,增强其国际竞争力,扩大农产品的出口。

首先,农业循环经济是一种新型的农业发展模式,它强调资源的循环利用和可持续发展。在这种模式下,农业生产者会更加注重资源的节约和环境的保护,采用更加环保、高效的农业技术和方法,减少化肥、农药等化学物质的投入,从而保证农产品的质量和安全性。这不仅可以减少环境污染,还可以提高农产品的品质和口感,使其更具吸引力。农业循环经济的发展还可以带动相关产业的发展,如农产品加工业、物流业等,进一步促进我国经济的增长。其次,农业循环经济的发展不仅可以满足消费者对农产品质量和安全性的要求,从而扩大农产品的出口市场。同时农业循环经济的发展还可以提高农民的收入,促进农村地区的经济发展,改善农民的生活条件。在发展农业循环经济的过程中,农民是主体力量,他们需要积极学习和应用新的农业技术和方法,提高生产效率和质量,而企业则应该积极探索新的农业技术和方法,提高农产品的质量和安全性,同时注重环境保护和资源节约。政府应该加大对农业循环经济的支持力度,提供政策支持和资金支持,引导农民和企业积极参与农业循环经济的发展。农业循环经济的发展还需要各方面的共同努力与合作,包括政府、企业和农民等。政府应该出台相关政策,鼓励和支持农民和企业参与农业循环经济的发展。企业之间也应该加强合作和交流,共同探索新的农业技术和方法。

第四节　农业的产业化经营

一、农业产业化经营的内涵

(一)农业产业化

农业产业化经营是一种新型的农业经营形式,其实质是将农业生产过程中的各个环节进行规模化、集约化、标准化和产业化的经营管理模式。它通过引进先进的农业科技、提供农业技术服务、整合农业资源、推动农业机械化、完善农业市场体系等手段,推动农业生产从传统的小农经济向现代化、工业化的农业生产方式转变。农业产业化经营的核心理念是整合产业链上的各个环节,从种植、养殖、加工到销售等,以农民或企业为主体,通过规模化的生产、先进的技术和管理方式,提高农产品质量和效益。其目的是推动农业产业结构优化,提高农产品的市场竞争力和附加值,促进农民增收致富,实现农业可持续发展。农业产业化经营的具体实施方式包括但不限于:成立农业合作社、建设农业示范园区、培育农业龙头企业等。通过这些方式,可以实现农业生产、加工、销售的有机结合,提高农产品的附加值和市场竞争力,促进农业增效和农民增收。同时,也可以推动农业现代化和农村经济发展。农业产业化经营是实现农业现代化的重要途径之一,是促进农村经济发展的重要手段。通过实施农业产业化经营,可以实现农业生产的高效化、优质化和市场化,为农民创造更多的收入和就业机会,促进农村经济的可持续发展。

(二)农业产业化经营的特征

1. 市场化

农业产业化经营是现代农业发展的重要趋势,它以市场需求为导向,通过市场机制来配置农业资源,从而实现农业生产的效益最大化。随着社会经济的发展和人民生活水平的提高,人们对农产品的需求也在不断增长,同时对农产品的品质、安全、营养等方面也提出了更高的要求。因此,农业产业化经营必须以市场需求为导向,根据市场需求来调整农业生产结构,生产出符合市场需求的优质农产品。市场机制是资源配置的重要手段,它能够通过价格、竞争等因素来引导资源的流向,从而实现资源的优化配置。在农业产业化经营中,市场机制的作用尤为重要。通过市场机制,可以引导农民根据市场需求来调整生产结构,提高农产品的质量和附加值,同时也能够促进农业技术的进步和农业机械化的提高,从而进一步提高农业生产的效益。此外,农业产业化经营还需要注重品牌建设,提高农产品的知名度和美誉度。品牌是农产品的无形资产,它能够提高农产品的附加值和市场竞争力。通过品牌建设,可以提高农产品的品质和信誉度,增强消费者的信任感,从而促进农产品的销售和出口。

2. 区域化

农业产业化经营是一种新型的农业发展模式,它要求农业生产在一定的区域内相对集中,形成稳定的产业基地,以便于实现规模化生产和经营。这种模式能够有效地提高农业生产效率,降低生产成本,提高农产品的质量和竞争力,同时也能够促进农业的可持续发展。有效地利用土地资源,提高土地的利用率,也能够促进农业生产的规模化。通过集中生产,可以更好地掌握市场需求,根据市场需求调整生产结构,提高农产品的适销对路性。农业产业化经营还有利于规模化生产和经营。通过形成稳定的产业基地,可以有效地扩大生产规模,提高生产效益。同时,规模化生产和经营也能够提高农业生产的组织化程度,增强农业抵御市场风险的能力,促进农业的稳定发展。

3. 一体化

农业产业化经营是现代农业发展的重要趋势,其核心是一体化经营。所谓一体化经营是将农业生产、加工、销售等环节有机结合,形成一个完整的产业链条,以提高农产品的附加值和市场竞争力。在传统的农业经营模式中,农业生产者往往只关注生产环节,而忽略了加工和销售环节。这种模式往往导致农产品附加值低,市场竞争力弱,难以实现农业的高效益和可持续发展。而农业产业化经营则通过将各个环节有机结合,形成了一个完整的产业链条,实现了农业生产、加工、销售的有机结合。在一体化经营中,农业生产者可以将农产品直接销售给加工企业,或者将农产品加工成深加工产品后再销售给市场。这样可以提高农产品的附加值,增加农民收入,同时也能够提高农产品的市场竞争力。此外,一体化经营还可以实现资源的优化配置,提高农业生产的效率和质量,从而实现农业的高效益和可持续发展。

4. 专业化

农业产业化经营是现代农业发展的重要趋势,它要求各个环节的专业化和精细化管理,以提高生产效率和管理水平,实现效益的最大化。农业产业化经营需要各个环节的专业化,这意味着在种植、养殖、加工、销售等各个环节都需要有专业的人员进行管理和操作,以确保生产的高效和产品的质量。同时,各个环节之间的协作也需要更加紧密,以提高整个产业链的效率。农业产业化经营需要加强核算即在传统的农业生产中,往往缺乏有效的核算机制,导致生产成本高昂,资源浪费严重,而农业产业化经营则需要建立一套完善的核算体系,对各个环节的成本和收益进行精确的核算,以便更好地控制生产成本,提高经济效益。此外,农业产业化经营还需要提高生产效率和管理水平,这需要引入现代化的管理理念和方法,如精细化管理、信息化管理等,以提高整个农业产业链的运营效率和管理水平。同时,还需要加强对员工的培训和教育,提高员工的素质和技能水平,以适应农业产业化经营的需求。

5. 规模化

农业产业化经营是一种现代化的农业发展模式,它通过规模化生产、经营和管理,有效地降低了生产成本,提高了经济效益和市场竞争力。首先,规模化生产是农业产业化经营的基础。通过集中人力、物力和财力,来实现农业生产规模的扩大,可以提高土地、水资源等资源的利用效率,降低单位生产成本。同时,规模化生产也有利于提高农业生产的专业化水平,降低生产风险,提高农业生产的稳定性和可持续性。其次,农业产业化经营注重经营和管理的一体化。在产业化经营中,农业生产不再是孤立的环节,而是与市场、销售、加工、物流等环节紧密相连。通过科学的管理和规划,实现各个环节的协调配合,可以提高生产效率,降低管理成本,提高经济效益和市场竞争力。最后,农业产业化经营还可以促进农业科技创新和推广。通过引进先进的农业技术和设备,可以提高农业生产的技术水平,提高农产品的质量和产量。同时,产业化经营也可以为农民提供更多的市场信息和销售渠道,帮助他们更好地把握市场机遇,提高市场竞争力。

6. 集约化

农业产业化经营是一种先进的经营方式,它采用集约化的经营方式,将分散的农户组织起来,形成规模化的生产,以提高土地、资金、技术等生产要素的利用效率。在传统的农业生产中,农户往往各自为政,各自经营,土地、资金、技术等生产要素的利用效率低下,难以形成规模效应。而农业产业化经营则通过集中投入和管理,将分散的生产要素整合起来,形成整体优势,提高生产效率。首先,农业产业化经营可以有效地整合土地资源。通过集中投入和管理,可以将分散的土地资源集中起来,形成规模化的生产基地,提高土地的利用效率。这样可以减少土地资源的浪费,提高土地的产出效益。其次,农业产业化经营可以有效地整合资金资源。通过集中投入和管理,可以将分散的资金资源集中起来,形成规模化的资金投入,提高资金的利用效率。这样可以减少资金的浪费,提高资金的使用效益。最后,农业产业化经营可以有效地整合技术资源。通过集中投入和管理,可以引进先进的农业技术和设备,提高农业生产的技术水平和管理水平。这样可以提高农产品的质量和产量,提高农产品的市场竞争力。

7. 社会化

农业产业化经营是现代农业发展的重要趋势,它要求形成完善的社会服务体系,以确保农业生产的全过程得到全方位的服务支持。首先,技术推广服务是农业产业化经营中不可或缺的一环。通过引进先进的农业技术和设备,为农业生产提供技术支持,提高农业生产效率和质量。同时,技术推广服务还能帮助农民掌握新的农业知识和技能,提高他们的综合素质和生产能力。其次,金融服务也是农业产业化经营中不可或缺的一部分。农业生产的周期长、风险大,需要金融机构提供相应的金融服务,如贷款、保险等,以帮助农民解决资金问题,降低生产风险。此外,金融机构还可以通过提供金融产品和服务,为农业产业化经营提供更多的融资渠道和资金支持。最后,物流配送也是农业产业化经营中不可或缺的一部分。随着农业生产的规模化和专业化,物流配送成为连接生产和消费的重要环节。通过建立完善的物流配送体系,可以降低农产品运输成本,提高农产品流通效率,为农业生产提供更加便捷和高效的服务支持。

二、农业产业化经营的重要意义

(一)优化农产品品种、品质结构和产业结构,提高农业综合效益

农业产业化经营,这是一个值得我们深入探讨的话题。其实质,简单来说,就是用管理现代工业的办法来组织现代农业的生产和经营。这并非一个简单的比喻,而是有着深刻的内涵。现代工业,以其高效、精细、标准化的生产方式,早已深入人心。而农业作为人类生存的基础产业,也应当与时俱进,跟上时代的步伐。因此农业产业化经营,就是要将现代农业的管理理念和方法引入农业,以提高农业的生产效率和经济效益。农业产业化经营,首先是以国内外市场为导向。市场是经济的晴雨表,是农业发展的风向标。只有紧密围绕市场,才能制定出符合市场需求的生产和经营策略。另外,以提高经济效益为中心。经济效益是衡量一个产业是否健康、可持续发展的关键指标。农业产业化经营,就是要通过优化生产要素组合、提高生产效率、降低成本等方式,提高农业的经济效益。科技进步是农业产业化经营的支撑。科技进步不仅可以提高农业生产效率,还可以提高农产品的品质和附加值,从而增加农业的经济效益。因此,农业产业化经营需要不断引进新的技术和品种,提高农业的科技含量。

在具体实施上,农业产业化经营需要围绕支柱产业和主导产品,进行区域化布局、专业化生产、一体化经营、社会化服务、企业化管理。这意味着,农业生产不再是无序的、分散的,而是有规划的、集中的;农业生产不再只是个体行为,而是有组织的、社会化的;农业生产不再只是生产环节,而是全产业链的运营和管理。

农业产业化经营是一种全新的经济管理体制和运行机制。它以市场为导向,以科技为支撑,以经济效益为中心,通过优化生产要素组合,形成一种集种养加、产供销、内外贸、农科教为一体的运营模式。这种模式不仅能够提高农

业的生产效率,增加农产品的附加值,还能够带动农村经济的发展,提高农民的生活水平。因此,我们应该积极推广和实施农业产业化经营,以实现农业的现代化和可持续发展。

(二)带动农业规模化生产和区域化布局,提高农业竞争力

农业产业化经营是现代农业发展的重要趋势,它通过促进农业规模化生产和区域化布局,提高了农业综合效益和农业竞争力,为农村经济的可持续发展做出了重要贡献。首先,农业产业化经营鼓励和支持农户扩大生产规模,形成规模效应,降低生产成本,提高生产效益。这有助于提高农业生产的集约化程度,增强农业抵御市场风险的能力。通过规模化生产,农户可以更好地利用现代化的农业技术和设备,提高生产效率,降低生产成本,从而提高农产品的质量和竞争力。其次,农业产业化经营推动农业生产的区域化布局,根据各地的资源优势和市场需求,合理配置农业资源,形成具有地方特色的优势产业和产品。这有助于提高农产品的市场占有率和竞争力,增加农民收入。通过区域化布局,不仅可以充分利用各地的资源优势和市场需求,发展具有地方特色的优势产业和产品,提高农产品的附加值和市场竞争力,而且也能够促进地方经济的发展和农民的增收。最后,农业产业化经营促进农业生产、加工、销售等环节的一体化发展,形成完整的产业链条。这有助于提高农产品的附加值和市场竞争力,同时也能够降低生产和销售的成本,增强农业的整体效益和竞争力。通过一体化发展,可以更好地整合资源,优化资源配置,提高农业生产的效率和效益,同时也能够带动相关产业的发展,促进农村经济的可持续发展。农业产业化经营为农民创造了更多的收入和就业机会,促进了农村经济的可持续发展,是现代农业发展的重要方向和趋势。

(三)促进农民增收,解决农户适应市场的问题,推动农村经济结构调整

农业产业化经营是一种新型的农业发展模式,通过规模化、集约化、专业化的生产和管理,实现了农业生产的高效化和农民收入的增加。首先,农业产业化经营通过规模化生产,提高了农业生产效益和农产品的产量,从而增加了农民的收入。同时,集约化和专业化的生产和管理,使得农业生产更加科学化和规范化,提高了农产品的质量和市场竞争力。其次,农业产业化经营通过市

场机制的优化配置,实现了农业资源的有效利用和农产品的附加值增加。市场机制的引入,使得农产品能够更好地适应市场需求,提高了农产品的附加值和市场竞争力,进一步增加了农民收入。同时,农户通过与市场的紧密联系,能够及时了解市场需求和变化,指导农户调整农业生产结构和产品品种,提高农产品的质量和市场适应性。这种模式不仅提高了农产品的附加值和市场竞争力,而且增强了农户的市场应对能力。一体化运作模式将农业产业链条中的各个环节有机结合在一起,形成了一个完整的产业链条,使得农户能够更好地适应市场变化和需求变化,提高农产品的质量和市场适应性。农业产业化经营推动了农村经济结构的调整和多元化发展。农业产业化经营鼓励和支持农村发展特色产业和优势产业,提高了农村经济的专业化水平和市场竞争力。同时,农业产业化经营推动了农村一二三产业的融合发展,实现了农村经济的多元化和全面发展。这种多元化的发展模式,不仅增加了农民收入的来源和渠道,而且促进了农村经济的可持续发展。

(四)实现农业产业链的延伸,提高农产品附加值

农业产业化经营是一种新型的农业发展模式,它将农产品的生产、加工、销售等环节有机结合,形成一个完整的产业链条。通过这种方式,农产品的价值链得以拉长,附加值也随之增加。具体来说,农业产业化经营可以将农产品加工成食品、饮料、保健品等高附加值产品,或者将农产品进行深加工,提取其中的营养成分、药用成分等,进一步提高其附加值。此外,农业产业化经营还可以引入先进的农业科技和管理经验,提高农产品的质量和安全性,从而增加其市场竞争力。这种发展模式不仅有利于农民增加收入和就业机会,还能促进农村经济的可持续发展。在农业产业化经营的推动下,农村地区的产业结构将得到优化,农村经济将更加多元化和市场化。同时,这也将为农村地区带来更多的投资和发展机遇,为农村地区的繁荣和进步打下坚实的基础。因此,农业产业化经营是一种值得推广和应用的新型农业发展模式,它将在未来的农业发展中发挥越来越重要的作用。

第五章 农业科学技术发展研究

第一节 新中国农业科学技术发展沿革

一、新中国农业科技发展的历史阶段

(一)1949—1978年:农业科技恢复和发展阶段

从1949年到1978年,中国政府高度重视农业的发展,把农业作为国民经济的基础和战略重点。为了推动农业的发展,中国开始实施一系列农业科技恢复和发展计划,以提高农业生产效率和质量为目标,促进农业现代化进程。这一时期,中国的农业科技水平得到了显著提高。在品种改良方面,中国成功培育出许多优良作物品种,如杂交水稻、双季杂交玉米等,这些新品种不仅提高了农作物的产量,而且改善了农作物的品质。在栽培技术方面,中国推广了耕作制度改革、肥料施用等技术,这些技术的推广不仅提高了农业生产效益,而且减少了农业生产对环境的污染。此外,中国还加强了对病虫害防治、农机具制造等方面的研究,为农业生产提供了有力的技术支持。这个时期的农业科技发展为中国的农业现代化奠定了坚实的基础。同时,这一时期也为中国农业的可持续发展提供了重要的保障。随着中国经济的快速发展和城市化进程的加速,农业现代化已经成为中国未来发展的重要方向之一。因此,中国政府将继续加大对农业科技研发的支持力度,推动农业现代化进程,提高农业生产效率和农民收入水平,实现农业可持续发展。同时,这一时期的农业科技发展也为中国与其他国家的农业合作提供了重要的机遇。随着全球化进程的加速和中国对外开放的不断深化,中国与其他国家的农业合作已经成为一种趋势。通过加强与国际社会的合作,中国可以引进先进的农业技术和经验,提高自身的农业科技水平,同时也为其他国家提供了更多的发展机遇和合作平台。

（二）1978—1998 年：农业科技改革开放阶段

自 1978 年至 1998 年，中国进入了农业科技改革开放的重要阶段。在这个时期，中国逐步推进了农业科技改革，旨在提高农业生产效率和农民的生活水平。为了实现这一目标，中国采取了一系列措施，包括加强农业科技研发、推广和应用先进技术、引进国外先进的农业技术和设备、加强农业教育和培训等。这些措施的实施取得了显著成效，不仅提高了农业生产效率，还促进了农村经济的发展和农民生活水平的提高。在这个阶段，农业科技的发展得到了广泛的关注和重视。企业和投资机构开始加大对农业科技的投资力度，推动农业科技创新和产业化发展。同时，一些科研机构和企业也开始加强合作，共同推进农业科技的发展。此外，一些政府机构也开始出台相关政策，为农业科技的发展提供支持和保障。这些政策包括提供资金支持、搭建交流平台、促进科技成果转化等。此外，这个阶段也是农业科技与农村经济相结合的重要时期。政府开始加强对农村经济的支持和扶持，推动农村产业结构调整和转型升级，促进农村经济的可持续发展。同时，农民也开始逐渐认识到农业科技的重要性，积极参与到农业科技的应用和推广中来。随着农民对农业科技的认知度和接受度的提高，他们开始主动学习和应用先进的农业技术，如精准种植、高效施肥、病虫害防治等。这些技术的应用不仅提高了农业生产效率，还推动了农村经济的持续发展。同时，中国与其他国家的农业科技交流与合作也得到了加强。通过引进和吸收国外先进的农业技术和经验，中国进一步促进了自身农业科技的发展和进步。这些交流与合作不仅有助于推动中国农业现代化进程，还为全球农业科技的进步做出了贡献。

（三）1998 年至今：农业科技现代化阶段

自 1998 年以来，农业科技现代化阶段已经逐渐成为全球农业发展的主流趋势。在这个阶段，农业科技的应用得到了前所未有的重视和发展，为农业生产带来了巨大的变革和进步。随着科技的不断进步，农业科技现代化阶段的核心在于通过引入先进的科技手段和理念，提高农业生产效率、降低生产成本、改善农产品品质，从而实现农业的可持续发展。在这个阶段，各种现代农业技术如精准农业、智能农业、生物技术、信息技术等得到了广泛应用，为农业生产提供了强大的技术支持。在精准农业方面，通过遥感、地理信息系统等技术的应用,可以对农田进行精确监测和管理,实现农田资源的优化配置和合理利用。在智能农业方面,物联网、人工智能等技术的应用,可以实现对农田环境的实时监测和智能化控制,提高农作物的生长效率和产量。生物技术在农业中的应用,如基因工程、细胞培养等,可以培育出具有优良品质和抗逆性的新品种,提高农产品的市场竞争力。此外,农业科技现代化阶段还强调了农业与环境的和谐发展。在可持续发展的理念下,农业生产不仅要注重经济效益,还要关注生态环境的保护和可持续发展。因此,现代农业技术的研究和应用也注重了生态环保和资源节约,如有机农业、生态农业等新型农业模式的发展,为农业的可持续发展提供了新的思路和方向。

二、新中国农业科技发展的主要成就

(一)农业科学研究成果丰硕,农业科技进步贡献率不断提高

农业科学作为一门研究农业生产和发展的学科,其重要性不言而喻。它旨在通过提高农业产出和效率,同时降低对环境的影响,为人类社会的可持续发展做出贡献。随着科技的不断发展,农业科学的研究成果不断涌现,农业科技进步贡献率也在不断提高。农业科学研究涉及多个领域,包括植物学、动物学、生物化学、环境科学等。科学家们通过深入研究,成功地开发出了高产、高质、抗病虫害的作物品种,有效提高了农业生产效率。此外,农业科学也在大力推广和应用绿色农业技术,例如有机农业、生物技术、节水灌溉等,为农业生产的可持续性和环保性做出了重要贡献。这些绿色农业技术的应用,不仅有助于保护环境,同时也能够提高农产品的品质和产量,从而满足人们日益增长的需求。除了提高农业生产效率,农业科学研究还在不断深入以满足人类对食品、纤维和其他农产品的需求。例如,现在许多科学家正在研究如何使用遗传工程技术来开发更加营养丰富的作物品种,以及如何使用先进的监测技术来提高畜牧业的生产效率。这些研究不仅有助于满足人类的需求,同时也能够保护环境,提高土壤质量,提高农产品的品质和产量。

农业科学研究在推动农业生产发展、改善农产品品质、保护环境等方面发挥了重要作用。随着科技的不断发展,未来农业科学研究将继续为人类带来更多的福利。我们期待着科学家们能够继续努力,为农业科学的发展做出更多的贡献,为人类社会的可持续发展做出更大的贡献。同时,我们也应该意识

到,农业科学研究不仅仅是一项科学事业,更是关系人类未来生存和发展的大事。因此,我们应该积极支持和参与农业科学研究,为推动农业科学的发展和人类社会的可持续发展贡献自己的力量。

(二)农业科技人才培养和引进取得显著成效

近年来,我国农业科技人才培养和引进工作取得了显著成效。随着农业现代化的不断推进,对农业科技人才的需求也越来越高。为了满足这一需求,加强农业科技人才培养和引进工作成为当前农业发展的重要任务之一。

我国加大了对农业科技人才的培养力度。政府通过制定一系列的政策措施,鼓励和支持高校、科研机构、企业等加强农业科技人才的培养,提高他们的专业素质和技能水平。例如,一些高校开设了农业科技相关专业,增设了更多的实践课程和实习机会,以提高学生的学习效果和实践能力。同时,企业也积极参与其中,通过提供培训和实习机会,帮助员工提高专业技能和知识水平。除了加大培养力度外,我国还积极引进国外先进的农业科技人才,为我国农业发展提供强有力的人才支持。我国与一些国际组织、高校和研究机构建立了合作关系,通过互派访问学者和技术交流等方式,引进国外先进的农业科技成果和技术,为我国农业发展提供有益的借鉴和参考。

农业科技人才培养和引进工作得到了社会各界的广泛关注和支持。许多企业和个人也积极参与其中,通过各种方式为农业科技人才培养和引进工作提供资金、技术、信息等方面的支持。例如,一些企业和个人捐款捐物,支持农业科技人才培养和引进工作;一些企业和研究机构还提供了技术支持和咨询服务,帮助农业科技人才更好地掌握和应用新技术和新方法。这些支持和关注为农业科技人才培养和引进工作提供了良好的环境和发展空间。此外,农业科技人才培养和引进工作还促进了我国农业科技创新和产业升级。通过引进国外先进的农业科技成果和技术,加强自主创新和研发,我国农业科技水平得到了显著提高。这不仅提高了我国农业生产的效率和质量,也为农民带来了更多的收益和就业机会。同时,这也促进了我国农业产业结构的优化升级,提高了我国农业的综合竞争力。

我国在农业科技人才培养和引进方面已经取得了一定的成绩,为我国农业现代化发展提供了有力的人才保障和技术支持。然而,我们还需要继续加强这方面的工作,不断提高农业科技人才的专业素质和技能水平,为我国农业发展做出更大的贡献。同时,我们也需要继续探索和创新人才培养模式和方法,以适应不断变化的市场需求和技术发展趋势。

(三)农业科技推广和应用成果显著,农业科技成果转化率逐步提高

近年来,农业科技推广和应用取得了显著成果,这得益于我国政府对农业科技创新的高度重视和大力支持。随着农业科技成果转化率的逐步提高,越来越多的农业科技成果得以应用于农业生产实践中,为我国农业现代化发展提供了有力支撑。在农业科技推广方面,我国政府积极推进农业科技进村入户,通过各种渠道和方式,将先进的农业科技知识传授给农民,帮助他们掌握现代农业技术,提高农业生产效益。同时,政府还加强了对农民的技术培训和指导,帮助他们更好地应用科技成果,提高农业生产效率和质量。在农业科技成果转化方面,我国政府采取了一系列措施,包括加强科技成果的研发、推广和应用,建立科技成果转化机制,加强科技成果的评估和筛选等。这些措施的实施,使得越来越多的科技成果得以转化为实际生产力,为我国农业现代化发展提供了有力保障。随着农业科技成果转化率的逐步提高,我国农业现代化进程也在不断加快。越来越多的农民开始采用先进的农业科技,提高了农业生产效率和质量,促进了农业产业结构的优化升级。同时,这也为我国农村经济社会发展提供了有力支撑,为农民增收致富创造了更多机会。

(四)农业科技国际合作与交流日益广泛

随着全球化的不断推进,农业科技国际合作与交流日益广泛。在当今世界,农业科技的发展已经成为各国之间合作的重要领域之一。全球化使得各国之间的联系越来越紧密,而农业科技的发展更是离不开国际的合作与交流。通过国际合作与交流,各国可以共享彼此的科技成果、经验和技术,共同推动农业科技的发展,提高农业生产效率和质量,促进全球农业的可持续发展。近年来,越来越多的国家开始意识到农业科技国际合作与交流的重要性,并积极开展各种形式的合作。一些国家之间建立了农业科技合作机制,共同研究解决一些全球性的农业问题,如气候变化、水资源短缺、土壤退化等。此外,一些国际组织也积极推动农业科技的合作与交流,如联合国粮农组织、世界贸易组织等。这些组织为各国之间的合作提供了平台和机会,促进了农业科技的交

流与合作。此外，一些国家还通过国际合作与交流，引进了一些先进的农业技术和设备，提高了农业生产效率和质量。这些技术和设备的引进不仅有助于提高农业生产效益，还可以帮助一些发展中国家实现农业现代化，提高农民的生活水平。同时，这也为一些国家提供了新的发展机遇和挑战，促进了全球农业的进步和繁荣。

农业科技国际合作与交流已经成为一种趋势，它不仅有助于推动全球农业的发展，还可以加强各国之间的友好关系和互利共赢。随着全球化的不断深入，农业科技国际合作与交流将会更加广泛和深入。我们相信，在未来的发展中，各国之间的合作将会更加紧密，共同推动全球农业科技的进步和发展。

第二节　农业科学技术的主要成就

一、种植技术领域的突破

(一)新品种选育与栽培技术

在过去的几年里，科学家通过不断进行研究和试验，成功培育出了一批具有优良品质和产量优势的新品种。这些新品种不仅适应了各种不同的土壤和气候条件，而且抗病能力强，能够更好地适应现代农业的需求。这些新品种的推广和应用，不仅提高了农作物的产量和品质，满足了人们对农产品日益增长的需求，同时也大大降低了农业生产的风险和成本。在传统的农业生产中，由于受到自然环境的影响，农作物的产量和质量往往难以得到保证，这给农业生产者带来了很大的不确定性。而新品种的出现，则大大降低了这种不确定性，使得农业生产者能够更加稳定地获得收益。同时，农业科学技术的发展也推动了栽培技术的不断创新和完善。智能灌溉、精准施肥、无人机植保等技术的应用，不仅提高了农作物的生长效率，减少了资源的浪费，同时也大大提高了农业生产的智能化和自动化水平。这些技术的应用，不仅降低了农业生产者的劳动强度，提高了生产效率，同时也为农业的可持续发展提供了有力的支持。

这些创新技术的应用，不仅提高了农业生产的经济效益和社会效益，也促进了农业产业的转型升级。随着人们对环保、可持续发展的重视，传统的高污染、高耗能的农业生产方式已经无法满足社会的要求。而农业科学技术的发展,则为农业的转型升级提供了有力的支持。未来,随着农业科学技术的发展,相信我们将会看到更多的新品种和新技术的出现和应用,为我国的农业发展注入新的动力和活力。

同时我们也要看到,农业科学技术的发展并不是一帆风顺的。在新的农业品种和技术的推广和应用过程中,我们还需要解决许多问题,如农民的接受程度、技术的稳定性、成本问题等。因此我们需要进一步加强科研工作,提高新品种和新技术的质量和可靠性,也需要加强农民的技术培训和指导,帮助他们更好地利用新技术进行农业生产。只有这样,我们才能真正实现农业的可持续发展,为我国的农业发展注入新的动力和活力。

(二)绿色生产方式的应用

这为农业可持续发展提供了有力支撑。绿色生产方式是一种环保、高效、可持续的生产方式,它强调采用先进的农业技术和管理手段,减少农业活动对环境的影响,提高农产品的质量和安全性。在绿色生产方式的应用中,农业科学技术发挥了至关重要的作用。首先,现代农业科技提供了更加精准的种植和管理技术,如智能灌溉系统、精准施肥技术等,这些技术可以根据土壤和作物的实际情况进行调节,减少水资源和肥料的浪费。其次,生物技术和基因工程的发展也为绿色生产方式提供了新的可能性。例如,转基因抗病抗虫作物可以提高农作物的抗逆性,减少农药的使用量,同时保持作物的产量和质量。此外,遥感技术和物联网技术也被广泛应用于农业领域,它们可以实时监测农田状况,为农民提供更加准确的数据支持,帮助他们做出更加科学的决策。在绿色生产方式的应用中,还需要注重生态保护和资源循环利用。通过采用生态农业模式,如有机农业、生物农药和生物肥料等,可以减少化学物质的使用量,保护生态环境。同时,废弃物资源化利用也是绿色生产方式的重要组成部分。例如,畜禽粪便、农作物秸秆等废弃物可以通过生物发酵技术转化为有机肥料或生物燃料,实现资源的循环利用。这些技术的应用不仅可以提高农产品的质量和安全性,还可以减少对环境的污染,实现农业的可持续发展。

农业科学技术在推动绿色生产方式的应用中发挥了重要作用。它提供了更加精准的种植和管理技术,为农业可持续发展提供了有力支撑。同时,注重生态保护和资源循环利用也是绿色生产方式的重要组成部分。未来,随着科技的不断进步和应用范围的扩大,相信绿色生产方式将在农业领域发挥更加重要的作用,为人类创造更加美好的生活环境。

二、养殖技术的发展

(一)畜禽品种改良与疫病防控

随着农业科学技术的发展,畜禽品种改良与疫病防控已经成为现代农业的重要组成部分。通过引入先进的科学技术,我们不仅可以提高畜禽的品质和产量,还可以有效地预防和控制疫情的发生,保障畜牧业的可持续发展。

农业科学技术在畜禽品种改良方面发挥了重要作用。传统的畜禽品种改良主要依赖于经验丰富的畜牧师和养殖户,通过观察和比较不同品种的畜禽,选择出最适合当地环境的品种进行繁育。然而,这种方法存在一定的局限性,如遗传多样性不足、品种退化等问题。而现代农业科学技术则提供了更加科学、精准的方法。例如,基因编辑技术可以帮助我们精确地改变畜禽的遗传物质,实现更加高效、稳定的品种改良。此外,现代分子生物学技术也可以用于研究畜禽的遗传结构,为品种改良提供更加科学的依据。农业科学技术在疫病防控方面也取得了显著的进展。传统的疫病防控主要依赖于疫苗接种、定期消毒等手段,但这些方法往往难以应对新型疫病和复杂疫病环境。而现代生物技术则为疫病防控提供了新的手段。例如,基因工程技术可以用于开发新型疫苗,提高疫苗的免疫效果和保护率。同时,现代检测技术也可以快速、准确地检测出疫情的发生,为及时采取防控措施提供科学依据。此外,现代信息技术也为疫病防控提供了新的手段,如远程监控、智能诊断等,可以提高疫病防控的效率和准确性。

农业科学技术在畜禽品种改良与疫病防控方面发挥了重要作用,为现代农业的发展提供了强有力的支持。未来,随着科学技术的发展,我们相信畜禽品种改良与疫病防控将会更加高效、精准,为畜牧业的可持续发展提供更加坚实的保障。当然,在应用农业科学技术进行畜禽品种改良与疫病防控的过程中,我们也面临着一些挑战和问题。例如,技术应用的成本较高,需要投入大量的人力和物力资源。同时,技术应用的监管和管理也需要加强,以确保技术的科学、合理、安全应用。因此,我们需要继续加强科研投入,提高技术水平,同时也需要加强政策引导和监管,确保技术的应用符合可持续发展的要求。

(二)生态养殖模式的推广

生态养殖模式是一种将环保理念与农业生产相结合的新型养殖方式,它通过科学合理的养殖方法,减少环境污染,提高养殖效率,同时保障食品安全和生态平衡。这种模式的推广对于农业可持续发展具有重要意义。首先,生态养殖模式可以减少环境污染。传统的养殖方式往往会产生大量的粪便、污水等废弃物,这些废弃物如果不妥善处理,会对环境造成严重污染。而生态养殖模式则采用生态循环的方式,将废弃物转化为有机肥料或能源,减少了对环境的污染。其次,生态养殖模式可以提高养殖效率。通过科学合理的养殖方法,生态养殖可以提高动物的健康水平,减少疾病的发生,从而提高了养殖效率。同时,生态养殖还可以提高农产品的品质和安全性,保障消费者的健康。

为了推广农业科学技术生态养殖模式,我们需要采取一系列措施。首先,政府应该加大对生态养殖的扶持力度,提供资金、技术等方面的支持,鼓励农民采用生态养殖模式。其次,加强生态养殖的宣传教育,增强农民的环保意识和科学养殖水平。再次,通过举办培训班、推广生态养殖技术等方式,帮助农民掌握生态养殖的方法和技巧。在推广过程中,我们还需要关注一些问题。例如,生态养殖需要一定的投资和时间成本,对于一些贫困地区的农民来说可能存在一定的困难。因此,政府应该提供相应的优惠政策,帮助农民克服困难。同时,生态养殖也需要一定的技术支持和管理经验,需要相关部门加强合作,共同推进生态养殖的发展。

农业科学技术生态养殖模式的推广对于农业可持续发展具有重要意义。我们需要采取一系列措施,加强宣传教育、提供政策支持、推广技术经验等,以推动生态养殖模式在农业生产中的广泛应用。

三、农业机械化的提升

(一)机械化水平的提高

在过去的几十年里,农业机械化的进步不仅提高了农业生产效率,还极大地改善了农民的生活条件。首先,农业机械化的提升主要体现在大型农业机械的使用上。这些机械能够完成过去需要大量人力完成的工作,如播种、收割、灌溉等。这不仅大大减少了农民的劳动强度,也提高了农业生产的速度和效率。同时,这些机械的使用也使得农业生产更加规模化、专业化,为农业的可持续发展打下了坚实的基础。其次,农业科学技术的发展也推动了智能化农业的发展。通过引入各种传感器、物联网技术等,农业生产实现了精准化、智能化管理。例如,通过监测土壤湿度、养分含量等数据,农民可以更准确地了解作物的生长情况,从而进行针对性的施肥、灌溉等操作。这不仅提高了农作物的产量和质量,也降低了农业生产的风险和成本。此外,农业机械化和智能化也促进了农业产业链的升级。在机械化水平提升的基础上,农业产业链逐渐向深加工、流通、销售等环节延伸。这不仅提高了农业附加值,也为农民提供了更多的就业机会和收入来源。

然而,农业机械化和智能化的发展也面临着一些挑战。例如,一些地区的农业基础设施相对薄弱,难以适应现代化的农业机械和设备。此外,一些农民对新技术、新设备的接受程度不高,这也制约了农业机械化和智能化的推广和应用。为了解决这些问题,我们需要加强农业科技研发,提高农业机械和设备的适应性、易用性和智能化程度。同时,我们也需要加强对农民的培训和教育,提高他们对新技术的认识和接受能力。只有这样,我们才能充分发挥农业科学技术在提升机械化水平方面的作用,推动农业的可持续发展。

农业科学技术的发展是提升机械化水平的关键因素之一。它不仅提高了农业生产效率和质量,也为农业的可持续发展打下了坚实的基础。然而,我们也需要面对一些挑战,并采取相应的措施来解决这些问题。只有这样,我们才能充分发挥农业科学技术在推动农业现代化进程中的作用。

(二)农机与农艺的融合

随着农业科学技术的发展,农机与农艺的融合已经成为现代农业发展的重要趋势。这种融合不仅提高了农业生产效率,也促进了农业可持续发展。

农机与农艺的融合,意味着农业机械的设计和制造需要更加注重与农业实践的结合。现代农业机械不仅要具备高效、便捷的特点,还要能够适应各种复杂的农业环境,满足农民的需求。因此,农机制造商需要与农业专家、学者密切合作,共同研发出更加适合现代农业的机械。在实践中,农机与农艺的融合也带来了许多新的机遇和挑战。例如,无人机在农业中的应用就是一个很好的例子。无人机可以通过搭载各种传感器和执行器,实现对农田的实时监测和自动化控制,从而提高农业生产效率和质量。然而,无人机在农业中的应用也面临着一些挑战,如飞行安全、数据传输等问题,需要进一步研究和解决。

农机与农艺的融合也对农业人才培养提出了新的要求。传统的农业人才培养主要关注农艺技能的培养,而现代农业则需要更多的复合型人才,既懂得农机操作和维护,又了解农艺原理和要求。因此,高校和培训机构需要加强相关课程设置和师资培训,培养更多适应现代农业发展的专业人才。此外,农机与农艺的融合也对农业生态环境保护提出了更高的要求。随着人们对生态环境保护意识的提高,农业生产也需要更加注重生态友好和可持续发展。因此,在农机与农艺的融合过程中,需要更加注重绿色、环保、可持续的技术研发和应用,减少农业对环境的影响,实现农业与环境的和谐共生。

农业科学技术使农机与农艺充分融合,为现代农业发展带来了许多机遇和挑战。我们需要加强农机与农艺的融合研究,培养更多适应现代农业发展的专业人才,并注重绿色、环保、可持续的技术研发和应用,以实现农业的高效、可持续发展。同时,我们也需要加强政策引导和支持,为农机与农艺的融合提供更好的政策环境和资源支持。只有这样,我们才能更好地推动农业现代化进程,实现农业的可持续发展。

四、农业信息化的进展

(一)基础设施建设

随着农业科学技术信息化的发展,我国农村基础设施得到了显著的改善。在这个信息化时代,我们可以通过各种先进的技术手段,如物联网、大数据、人工智能等,来提高农业生产的效率和质量。这些技术的应用,不仅改变了传统的农业生产方式,也为我们带来了许多基础设施上的改善。

农业科学技术信息化的发展推动了农业机械化的普及。通过智能化的农业机械,农民可以更高效地进行农田管理,包括播种、施肥、灌溉、收割等环节。这不仅提高了农业生产的速度,也降低了农民的劳动强度。同时,智能化的农业机械还可以根据环境的变化,自动调整操作参数,从而提高农作物的产量和质量。

农业科学技术信息化的发展也促进了农村电网和通信设施的建设。在许多农村地区,电力和通信设施的不足一直是农业生产的一个难题。然而,随着农业科学技术信息化的发展,这些问题得到了有效的解决。现在,农村地区已经普遍建立了稳定的电网系统,为农业生产提供了稳定的电力供应。同时,通信设施的建设也使得农民可以更方便地获取各种农业信息和技术支持,提高了他们的生产技能和管理水平。此外,农业科学技术信息化的发展还推动了农村交通基础设施的改善。以前,许多农村地区由于地理条件的限制,交通不便,给农业生产带来了很大的困扰。然而,现在随着农村公路的建设和升级,农民们可以更加方便地运输农产品和原材料,同时也方便了他们与外界的交流和合作。

农业科学技术信息化的发展为我国农村的基础设施带来了显著的改善。这些基础设施的改善不仅提高了农业生产效率和质量,也为农民提供了更好的生产条件和生活环境。在未来,我们相信随着农业科学技术信息化的不断深入发展,农村的基础设施将会得到更大的改善,为农业生产和农村发展提供更好的支持。

(二)数据驱动的智能化技术

随着农业科学信息化的发展,数据驱动的智能化技术得到了显著的提升。这种技术已经广泛应用于农业领域,为农业生产提供了强大的支持。

农业科学信息化的发展使得农业数据收集和分析变得更加便捷。以前,农业数据通常是通过人工收集和记录的,这种方式不仅效率低下,而且容易出错。现在,通过使用智能传感器和遥感技术,我们可以实时收集和监测农田环境参数,如温度、湿度、土壤水分等。这些数据可以通过无线传输到数据中心,进行实时分析和处理。数据驱动的智能化技术已经广泛应用于农业决策支持系统中。通过分析大量的农业数据,决策者可以更准确地预测作物生长、病虫害发生、天气变化等,从而制定更加科学合理的农业决策。例如,智能化的灌溉系统可以根据土壤湿度和作物需求进行自动灌溉,减少水资源浪费;智能化的施肥系统可以根据土壤营养状况和作物需求进行精准施肥,提高肥料利用率。此外,数据驱动的智能化技术还在农业病虫害防治方面发挥了重要作用。通过分析历史病虫害数据和实时监测数据,我们可以预测病虫害的发生时间和地点,从而提前采取防治措施。例如,智能化的无人机可以在短时间内对大面积农田进行病虫害监测,为防治工作提供及时准确的信息。农业科学信息化的发展也为农业教育和培训提供了新的手段。以前,农民需要依赖经验丰富的专家进行种植和养殖,现在可以通过智能化的农业教育平台获取丰富的农业知识和技能。这些平台通常包括大量的农业数据、专家经验和智能算法，可以帮助农民更好地了解作物生长规律、病虫害防治方法等。

农业科学信息化的发展为数据驱动的智能化技术在农业领域的应用提供了广阔的空间。随着技术的不断进步和应用范围的扩大，我们有理由相信，智能化技术将在未来为农业生产带来更多的便利和效益。

五、农业可持续发展战略的实施

(一)资源利用与生态环境保护

随着农业科学技术的发展，我们正在以前所未有的速度和规模利用和保护资源，同时也在改善我们的生态环境。

在过去的几年里，我们已经看到了许多创新的农业实践，如精准农业、生物技术和基因工程的应用。这些技术使得我们能够更精确地了解和管理农田，从而提高了作物的产量和质量。此外，我们正在探索新的方法来利用废弃物和副产品，例如，通过生物发酵技术将农作物残渣转化为肥料，或者通过基因工程改变作物以使其更容易被生物降解，从而减少对环境的压力。然而，这些进步并不只是关乎产量和效率。更重要的是，农业科学技术正在改善我们的生态环境。随着我们对土地、水和空气质量的关注度不断提高，新的农业实践正在帮助我们实现这一目标。例如，有机农业和生态农业的方法强调与自然环境的和谐共生，通过减少化肥和农药的使用，我们可以降低对环境的污染。同时，一些新的农业技术，如智能灌溉系统，可以根据作物的需求和环境条件进行精确灌溉，从而减少水的浪费。此外，农业科学技术也正在推动我们重新思考食物系统的可持续性。通过优化供应链，我们可以减少食物浪费，提高食品质量，并确保食品的安全和营养。这不仅有助于保护环境，也有助于提高公众的健康水平。

(二)农业产业链的拓展

随着农业科学技术的发展，农业产业链得到了前所未有的拓展。传统的农业产业链主要集中在种植、养殖和农产品加工等环节，而现代农业科学技术的发展，使得农业产业链得以进一步延伸，涵盖了更多的领域。

农业科学技术的发展推动了农业机械化的普及。现代化的农业机械设备,如拖拉机、收割机、灌溉设备等,大大提高了农业生产效率,使得农业生产不再局限于人力和畜力,而变得更加高效和现代化。这不仅减轻了农民的劳动强度,也使得农业生产更加规模化、专业化。另外,农业科学技术的发展也促进了农业生物技术的进步。基因编辑技术、微生物发酵技术等生物技术的应用,使得农业生产不再局限于传统的种植和养殖,而变得更加多元化和精细化。例如,基因编辑技术可以培育出更适应环境、产量更高的作物品种,微生物发酵技术则可以生产出更加健康、美味的食品添加剂。此外,农业科学技术的发展也推动了农业信息化的普及。现代信息技术的发展,使得农业生产、销售、物流等环节的信息得以更加全面、及时地收集和处理。通过大数据分析,农民可以更好地了解市场需求,调整生产计划,提高农产品的质量和竞争力。同时,农业信息化也使得农产品销售更加便捷,提高了农产品的流通效率。农业科学技术的发展也促进了农业生态环保的推广。绿色农业、有机农业等新型农业模式的出现,不仅提高了农产品的品质和安全性,也促进了农业生态环境的保护和改善。通过合理进行施肥、灌溉和病虫害防治,现代农业更加注重生态环保,实现了经济效益和环境效益的双重提升。

第三节 发展农业科学技术的基本经验

随着科技的日新月异,农业科学技术的发展对于提高农业生产力、保障粮食安全、促进农村经济发展具有重要意义。我国在农业科学技术发展方面取得了世界瞩目的成就,总结其基本经验,可为今后农业科技发展提供借鉴。

一、坚持科技创新为核心

农业科学技术坚持科技创新为核心,主要是因为科技创新是推动农业现代化、提升农业竞争力的关键因素。随着科技的不断发展,农业科技创新在提高农业生产效率、提升农产品品质、增强农业抗风险能力以及促进农业可持续发展等方面发挥着越来越重要的作用。首先,科技创新可以提高农业生产效率。通过育种技术、农业机械技术、智能农业技术等方面的创新,可以降低农业生产成本,提高生产效率,增加农民收入。例如,现代育种技术可以培育出抗逆性更强、产量更高的农作物品种,智能农业技术可以实现精准种植和智能化管理,提高农业生产效益。其次,科技创新可以提升农产品品质。随着消费者对农产品品质和安全的要求不断提高,科技创新在农产品加工、保鲜、储存等方面的应用,可以有效提升农产品的品质和附加值,满足市场需求。例如,通过农产品加工技术的创新,可以开发出更多健康、美味的食品,提高农产品的市场竞争力。再次,科技创新还可以提高农业的抗风险能力。通过科技创新,可以培育出抗逆性更强的农作物品种,提高农业的抗旱、抗涝、抗病虫害等能力,减少自然灾害对农业的影响。然后,科技创新还可以帮助农民更好地掌握市场信息,预测市场变化,降低市场风险。最后,科技创新还可以促进农业的可持续发展。通过发展生态农业、循环农业等新型农业模式,可以减少农业对环境的负面影响,实现农业的可持续发展。例如,通过生物技术的应用,可以降低农药和化肥的使用量,减少对环境的污染;通过废弃物的循环利用,可以实现农业废弃物的减量化、资源化和无害化处理。

二、突出人才培养和引进

农业科技发展是现代农业的重要组成部分,它不仅关乎着国家的粮食安全和农村经济的发展,更关系整个社会的稳定和繁荣。然而,要实现农业科技的快速发展,离不开人才支撑。首先,加大农业科技人才培养力度是当务之急。这需要我们加强农业教育,提高农民的科技素质,培养一批懂技术、会经营、善管理的现代农业人才。此外,我们还需要鼓励和支持农民参加各种农业科技知识的学习和培训,让他们了解和掌握最新的农业科技知识和技术,提高他们的农业生产技能和管理水平。其次,引进国外农业科技人才和先进技术也是非常重要的。这不仅可以弥补我国农业科技人才的不足,还可以引进国外先进的农业技术和经验,为我国农业科技发展注入新的活力。我们可以通过与国外农业科研机构、高等院校和企业进行合作,引进国外先进的农业科技成果和经验,同时加强与国际农业科技领域的交流与合作,学习借鉴国际先进的农业科技理念和技术,不断提高我国农业科技的整体水平。此外,我们还需要注重农业科技的应用和推广。只有将农业科技真正应用到农业生产实践中去,才能发挥其应有的作用,推动我国农业的发展。因此,我们需要加强农业科技成果的转化和应用,建立完善的农业科技成果转化机制,推广应用先进的农业技术和设备,提高农业生产效率和质量。同时,我们还需要加强对农民的指导和帮助,让他们更好地掌握和应用农业科技知识和技术,提高他们的农业生产效益和管理水平。

三、强化农业科技推广与应用

农业科技的发展对于我国农业现代化建设具有重要意义，这一点毋庸置疑。然而，当前农业科技推广和应用还存在一些问题，需要我们加强推广和应用，让科技成果真正惠及农业生产。为此，我们需要采取以下措施：

建立健全农业科技推广体系。这需要我们加强与农业科研机构、农业院校、农业企业等各方面的合作，形成合力，共同推进农业科技推广工作。同时，我们还需要加大对科技成果的宣传力度，让更多的农民了解和掌握科技成果，提高科技成果的转化率。此外，我们还需要建立完善的农业科技推广机制，确保科技成果能够及时、有效地传递给农民，让他们能够从中受益。只有这样，才能更好地推动我国农业现代化建设，提高农业生产效益和农民收入水平。

加强对农民的技术培训。农民是农业生产的主力军，他们的技术水平直接影响农业生产效益。首先，我们需要加强对农民的技术培训，帮助他们掌握先进的农业技术，提高他们的生产技能和素质。其次，我们还需要建立完善的培训机制，确保培训内容符合市场需求和农民需求，增强培训效果。再次，我们还需要积极探索新的培训模式和方法，例如利用互联网、大数据等技术手段开展在线培训和远程指导等，让农民更加方便地获取和掌握科技成果。然后，我们还需要积极探索新的农业科技推广模式。随着科技的发展，我们可以探索与其他农业相关企业、机构合作的方式，共同推广农业科技成果。例如建立农业科技推广平台，提供在线咨询、远程指导等服务。最后，我们还可以探索与其他行业合作的方式，如农产品加工、物流等产业，共同推动农业科技成果的应用和产业化发展。

四、发挥政策支持和引导作用

在当前的农业发展阶段，政策支持和引导的作用显得尤为重要。农业科技作为推动农业现代化、提高农业生产效率的关键因素，其发展离不开政策层面的有力推动。为了推动农业科技的发展，我们需要采取一系列切实有效的措施，为农业科技提供有力的保障。

加大财政投入是关键。首先，政府应当设立专项资金，用于支持农业科技创新和成果转化，确保农业科技项目得到足够的资金支持。同时，我们还应积极引导社会资本投入农业科技领域，形成政府、企业、社会各方共同支持的多元化投入机制。其次,落实农业税收优惠政策也是必不可少的。通过减免农业科技企业的税收,降低其经营成本,有助于提高其研发和推广农业科技的积极性。最后,我们还应鼓励金融机构积极支持农业科技发展。金融机构应当创新金融产品和服务方式,为农业科技创新提供多元化的金融支持,如贷款、担保、保险等,以降低企业融资难度,促进科技成果转化。

五、推进农业产业化经营

农业产业化经营是农业科技发展的必然趋势,这一点毋庸置疑。随着科技的进步,农业科技的应用越来越广泛,农业生产的效率和质量也在不断提高。在这样的背景下,推进农业产业化经营,整合农业资源,提高农业经济效益,是当前农业发展的必由之路。

首先,农业产业化经营有利于整合农业资源。在传统的小农经济模式下,农户各自为政,分散经营,导致资源分散、浪费严重。通过将分散的农户、土地、资金、技术等资源进行整合,形成规模化的生产模式,可以提高农业生产效率,降低生产成本,提高农产品质量,从而更好地满足市场需求。这不仅可以提高农产品的竞争力,还可以带动相关产业的发展,形成产业链,促进区域经济的发展。其次,农业首先,产业化经营有利于提高农业经济效益。规模化、标准化的生产方式可以降低生产成本,提高农产品的附加值,增加农民收入。同时,农业产业化经营还可以促进农村产业结构调整,推动一二三产业融合发展,形成新的经济增长点。这样不仅可以促进农村经济的发展,还可以带动相关产业的发展,提高农民的生活水平。

六、保护农业知识产权

为了激发农业科技创新活力,保护农业知识产权至关重要。建立健全农业知识产权保护体系,需要从多个方面入手。

加强农业专利的保护。专利是科技创新的重要成果,也是知识产权保护的核心内容之一。专利权的保护需要从专利申请、授权、实施等环节入手,确保专利权人的合法权益得到充分保障。为此,我们需要加强对这些环节的监管,建立完善的专利管理制度和流程,并加强与相关部门的合作,共同打击侵犯专利权的行为。

加强对植物新品种和农产品地理标志等知识产权的保护。这些知识产权是农业科技创新的重要体现,也是农业产业发展的重要支撑。我们需要完善相关法律法规,加强对新品种和地理标志的登记、认证和管理,确保其合法性和权威性。同时,我们还需要加强对这些知识产权的宣传教育,让广大农民、农业企业、科研人员等了解其重要性,增强他们的知识产权保护意识。

除了加强保护体系的建设,我们还需要加大对侵犯农业知识产权行为的打击力度。任何侵犯他人知识产权的行为都是不道德的,也是违法的。我们需要建立健全知识产权侵权举报机制,鼓励公众积极参与知识产权保护工作。同时,加大对侵犯行为的处罚力度,提高侵权成本,让侵权者付出应有的代价。此外,我们还需要加大执法力度,确保相关法律法规得到严格执行,对侵犯知识产权的行为进行及时有效的打击。最后,我们还需要加强农业知识产权的普及教育。通过开展各种形式的宣传活动,让广大农民、农业企业、科研人员等了解知识产权的基本概念、保护方法以及侵权行为的危害性。同时,加强知识产权保护的培训和指导,增强他们的知识产权保护意识并提高其能力水平。这样不仅可以增强公众的知识产权保护意识,还可以增强农业科技创新者的自信心,进一步推动农业科技创新的发展。

七、深化国际合作与交流

农业科技发展是我国农业现代化进程中的重要一环,因此,充分利用国际资源,加强国际合作与交流,显得尤为重要。首先,我们需要与国际农业科研机构、高校、企业等建立合作关系,共同开展农业科技研究。这不仅可以拓宽我们的视野,了解国际上最新的农业科技动态,还可以借助国际合作伙伴的力量,共同攻克一些农业科技难题。通过合作,我们可以共享资源、技术和经验,加快我国农业科技的发展步伐。其次,我们需要引进国外先进的农业技术,提升我国农业科技水平。这不仅可以加快我国农业科技的发展步伐,还可以提高我国农业生产的效率和质量。在引进国外先进农业技术的同时,我们也需要注重消化吸收和创新,形成具有我国特色的农业科技体系。我们需要将引进的技术与我国的实际情况相结合,进行吸收和创新,使其更好地适应我国的农业生产环境。

第六章　农业科技发展面临的挑战

第一节　农业结构调整对农业科技的挑战

随着我国经济的持续发展和农业现代化的推进,农业结构调整已成为当前农业发展的重要任务。农业结构调整在促进农业可持续发展的同时,也给农业科技带来了诸多挑战。以下将从种植业结构、产业结构、区域布局等方面探讨农业结构调整对农业科技的挑战。

一、种植业结构调整对农业科技的挑战

种植业结构的调整意味着农业科技需要不断研发新的种植品种和种植技术,以适应新的市场需求。随着消费者对农产品品质和安全的要求不断提高,农业科技需要研发更加优质、高产、抗逆性强的农作物品种,以满足市场需求。第一,农业科技需要推广智能化的精准种植技术,以提高种植效率和农产品品质。这不仅需要农业科技不断投入研发资源,还需要与农业生产者密切合作,共同探索新的种植技术和品种。第二,种植业结构调整需要农业科技提供更加环保和可持续发展的技术支持。随着环保意识的提高和可持续发展的呼声日益强烈,种植业结构调整需要更加注重环保和可持续发展。农业科技需要研发更加环保的种植技术、更加节约资源的灌溉技术、更加高效的化肥和农药使用技术等,以实现种植业的绿色发展。这不仅需要农业科技不断探索新的技术和方法,同时还需要与环保部门和农业生产者合作,共同推动绿色农业的发展。第三,种植业结构调整需要农业科技加强产业链的整合和优化。种植业结构调整不仅涉及种植业本身,还需要考虑整个农业产业链的发展。农业科技需要加强产业链的整合和优化,提高整个产业链的效率和附加值。这不仅需要农业科技不断拓展技术应用领域,同时还需要与相关产业部门合作,共同推动农业产业链的协同发展。最后,种植业结构调整需要农业科技加强人才培养和创新。为了适应种植业结构调整的需求,需要培养更多的高素质农

业科技人才,加强农业科技的自主研发和创新。这需要建立产学研结合的农业科技人才培养体系,加强与高校、研究机构的合作,共同培养更多的高素质农业科技人才。同时,需要鼓励农业科技企业加强自主研发和创新,提高我国农业科技的自主创新能力和核心竞争力。

种植业结构调整对农业科技提出了诸多挑战,需要农业科技不断提高自身的技术水平和创新能力,以适应市场需求的变化和实现种植业的可持续发展。同时,也需要加强与其他部门和产业的合作,共同推动农业和整个经济的可持续发展。

二、产业结构调整对农业科技的挑战

产业结构调整对农业科技提出了更高的要求,需要不断提高自身的创新能力。随着农业产业链的延伸和融合,农业科技需要研发更加高效、智能、环保的农业机械、农产品加工技术、农业信息化技术等,以满足产业结构调整的需要。第一,农业科技需要不断探索新的技术和产品,不断进行技术创新和产品创新,以适应市场需求的变化并推动农业的转型升级。第二,产业结构调整需要农业科技加强人才培养和队伍建设。农业科技人才是推动农业科技创新和发展的重要力量,因此需要加强人才培养和队伍建设。这包括建立完善的农业科技人才培养体系,提高农业科技人才的素质和能力。同时,需要加强对农业科技人才的管理和激励,激发其创新活力和工作热情。这需要农业科技企业加大对人才引进和培养的投入,提供更好的职业发展机会和福利待遇,吸引更多优秀的人才加入。第三,产业结构调整需要农业科技加强国际合作和交流。随着全球化进程的加速,农业科技的发展需要充分利用国际资源,加强国际交流与合作。这包括参加国际学术会议、开展国际合作项目等方式,与国际同行进行交流与合作,共同推动农业科技的发展。这不仅可以引进国外先进的技术和经验,还可以拓宽视野,促进自身的技术创新和发展。

最后,产业结构调整对农业科技提出了新的要求,需要更加注重市场需求和用户体验。随着消费者对农产品品质和安全的要求不断提高,农业科技需要更加关注市场需求和用户体验,不断优化产品和服务。这需要农业科技企业加强市场调研和分析,了解消费者的需求和偏好,研发更加符合市场需求的产品和技术。同时,需要加强产品的质量和安全检测,确保产品的品质和安全。这不仅可以提高产品的市场竞争力,还可以提高用户的满意度和忠诚度。

产业结构调整对农业科技提出了更高的要求,需要农业科技不断提高自身的技术水平和创新能力,加强人才培养和队伍建设,加强国际交流与合作,并更加注重市场需求和用户体验。只有这样,才能适应市场需求的变化和推动农业的转型升级。

三、区域布局调整对农业科技的挑战

区域布局调整需要农业科技适应新的地理环境和气候条件。第一,不同的地区有着不同的气候、土壤、水资源等条件,这就意味着农业科技需要研发出适合当地环境的技术和品种,以提高农业生产效率和农产品品质。这不仅需要投入大量的研发资源,同时也需要农业科技企业具备强大的研发能力和技术储备,能够快速响应市场需求的变化。第二,区域布局调整需要农业科技加强区域间的合作和交流。不同地区的农业科技发展水平可能存在差异,加强区域间的合作和交流可以帮助各地取长补短、共同进步。这需要农业科技企业积极参与到区域间的合作和交流中,同时也需要政府和相关机构提供更多的支持和帮助。政府可以通过制定相应的政策措施,鼓励农业科技创新和发展,同时加大对农业科技的投入力度,为农业科技的可持续发展提供保障。第三,区域布局调整需要农业科技更加注重生态保护和可持续发展。在农业科技发展的同时,也需要充分考虑生态环境的保护和可持续发展,避免过度开发和对环境的破坏。这需要农业科技企业研发更加环保的种植技术、养殖技术、化肥和农药使用技术等,同时也需要加强生态环境监测和评估,及时发现和解决环境问题。此外,农业科技企业还需要积极推广绿色农业、有机农业等可持续发展的模式,引导消费者树立正确的消费观念,共同推动农业的可持续发展。

区域布局调整对农业科技提出了更高的要求,需要农业科技企业不断提高自身的技术水平和创新能力,以适应市场需求的变化并推动农业的转型升级。同时,也需要政府和相关机构提供更多的支持和帮助,促进农业科技的可持续发展,实现经济效益和生态效益的双重提升。

四、可持续发展对农业科技的挑战

可持续发展要求农业科技更加注重环保和生态平衡。为了实现这一目标,第一,农业科技需要研发和推广更加环保的种植、养殖技术,降低化肥和农药的使用量,提高资源利用效率,降低对土壤、水资源和生态系统的负面影响。同时,需要加强生态修复和保护技术的研究和应用,以促进生态平衡和农业的可持续发展。第二,可持续发展要求农业科技提高资源利用效率。这需要农业科技加强研究和实践,提高土地、水、能源等资源的利用效率,减少浪费和消耗,实现农业生产的节约、高效和可持续。同时,还需要加强农业科技与其他行业的合作,共同推动资源的循环利用和高效利用。第三,可持续发展要求农业科技加强食品安全和质量控制。这需要农业科技加强食品安全和质量控制技术的研究和应用,建立完善的食品安全和质量控制体系,确保农产品的质量和安全,满足消费者对健康和安全的需求。此外,还需要加强农产品质量检测和追溯技术的研究和应用,提高农产品的质量和安全性。第四,可持续发展要求农业科技加强科技创新和人才培养。这需要农业科技不断加强科技创新和人才培养,推动农业科技的自主创新和发展,提高农业科技的创新能力和竞争力。同时,需要加强对农业科技人才的培养和管理,建立高素质、专业化的农业科技人才队伍,为农业科技的可持续发展提供人才保障。第五,可持续发展要求农业科技加强国际合作和交流。这需要农业科技积极参与国际合作和交流,学习借鉴国外先进的农业科技和管理经验,推动国际合作和创新。同时,还需要加强与国际组织的合作,共同推动全球农业的可持续发展。

可持续发展对农业科技提出了多方面的挑战和要求,需要农业科技不断提高自身的技术水平和创新能力,以适应可持续发展的需求。同时,也需要加强农业科技的普及和推广工作,提高公众对可持续发展的认识和理解。

五、人才培养与推广体系对农业科技的挑战

为了实现农业结构的优化调整,一支具备创新意识、专业技能的农业人才队伍是必不可少的。农业科技的发展需要加大对农业人才的培养力度,以提高农民的科技素质。首先,我们需要加强农业人才的专业技能培训,使他们能够掌握现代农业科技知识,并能够熟练运用这些知识进行农业生产。此外,我们还需要注重培养农业人才的创新意识,使他们能够不断探索新的农业技术和方法,以适应不断变化的市场需求和农业发展趋势。这需要我们建立完善的农业科技信息服务平台,为农民提供及时、准确、全面的农业科技信息。通过这个平台,农民可以了解最新的农业技术和方法,帮助他们解决农业生产中遇到的问题。同时,我们还需要加强科技成果的示范和推广工作,示范基地的

建设和培育示范户,使农民能够亲身体验科技成果的优点和效果。这样不仅可以激发农民应用科技成果的积极性,还可以为其他农民树立榜样,带动整个农业领域的科技创新和发展。

此外,我们还需要加强农业科技与农村经济、社会发展的有机结合。这需要我们加强与农村经济的合作,将科技成果应用于农村经济发展中,促进农村产业结构的优化调整和农民收入的提高。同时,我们还需要加强与社会各界的合作,将科技成果应用于社会公益事业中,如生态农业、环保农业等领域。这不仅可以实现农业科技成果的社会效益和经济效益的双重提升,还可以增强农业科技的影响力和吸引力,进一步推动农业科技创新和发展。

为了顺利推进农业结构调整,我们需要从多个方面入手。首先,我们需要加大对农业人才的培养力度,增强他们的专业技能和创新意识。其次,我们需要完善农业科技推广体系,加强科技成果的宣传、推广和应用。再次,我们还需要注重与农村经济、社会发展的有机结合,将科技成果应用于更多的领域和场景中。只有这样,我们才能培养出一支具备创新意识、专业技能的农业人才队伍,推动农业结构调整的顺利推进,实现农业的可持续发展。然后,我们还需要加强对农业科技的投入和研发力度,不断推出新的科技成果,以满足市场和农民的需求。最后,我们还需要加强对农业科技的监管和管理,确保科技成果的质量和安全,为农民提供更加可靠、高效的科技支持和服务。只有这样,我们才能真正实现农业结构的优化调整和可持续发展。

第二节 农民增收

一、农民增收的内涵

农业结构调整对农民增收具有重要影响。农业结构调整是指通过优化农业产业内部结构,提高农业生产效率和产值,促进农业发展的一种策略。实施农业结构调整,有助于提高农民收入,促进农村经济发展。首先,农业结构调整有助于提高农民收入。通过调整农业结构,可以优化农业生产要素配置,提高农业生产效率和质量,增加农产品附加值,从而提高农民收入。例如,推广高效种植模式、发展特色农业、提高养殖业生产效益等措施,都可以增加农民收入。其次,农业结构调整有助于拓宽农民就业渠道。农业结构调整不仅仅局限于农业生产领域,还涉及农产品加工、流通、服务等环节。这些环节的发展将为农民提供更多的就业机会,增加农民的工资性收入。例如,发展乡村旅游、农家乐等产业,可以吸引游客前来消费,为当地农民提供就业机会和服务收入。最后,农业结构调整有助于提升农民素质和技能水平。农业结构调整需要农民掌握新的种植技术、养殖技术和管理经验。通过培训和实践,农民可以提升自身素质和技能水平,更好地适应农业结构调整的需要,提高自身的就业竞争力和收入水平。农业结构调整对农民增收具有积极的影响。通过优化农业结构为农民提供了更多的就业机会和技能提升途径,促进了农民全面发展。因此,应该积极推进农业结构调整,发挥其在农民增收中的作用。

二、农民增收的趋势

农业结构调整对农民增收具有重要影响。一方面,农业结构调整可以促进农业产业链的延伸和融合,提高农业附加值和农民收入。另一方面,农业结构调整需要加强农业科技创新和人才培养,提高农业的科技含量和竞争力,促进农业的转型升级和可持续发展。总体来看,未来农民增收的趋势可能会呈现以下特点:

(一)多元化收入来源

随着社会经济的发展和科技的进步,农业结构也在不断调整,这是社会发展的必然趋势。在这个过程中,农民的收入来源也在逐渐拓宽,这无疑是一件值得高兴的事情。

传统的种植和养殖业仍然是农民收入的主要来源,这一点不容忽视。然而,随着农业产业链的延伸,农民的收入来源将不再局限于这些领域。农产品加工、流通、服务等环节,将为农民带来更多的发展机会。通过这些环节,农民可以将农产品转化为更有价值的产品,提高农产品的附加值,从而增加农民收入。与此同时,乡村旅游、农家乐等新兴产业也将成为农民新的收入来源。这些产业的发展,不仅可以带动乡村经济的发展,还可以为农民提供更多的就业机会,增加他们的收入。而且,随着这些新兴产业的兴起,乡村地区的面貌也将焕然一新,进而吸引更多的游客前来观光、度假,从而形成一个良性循环。此外,随着互联网技术的发展,电商、物流等新兴行业也将为农民提供更多的发展机会。农民可以利用这些新兴行业,拓展自己的业务范围,提高自己的竞争力。例如,他们可以通过电商平台销售农产品,扩大销售渠道。可以利用物流行业将农产品运送到城市消费者手中,提高农产品的流通效率。这些新兴行业的发展,将为农民带来更多的商机,帮助他们增加收入。

农业结构的调整和农业产业链的延伸,将为农民带来更多的发展机会和收入来源。这不仅有助于他们更好地适应社会经济的发展,提高自己的生活水平,也有助于乡村振兴战略的实施,实现农村地区的可持续发展。因此,我们应该积极推动农业结构的调整和优化,为农民创造更多的发展机遇。

(二)提高经营性收入

随着社会经济的发展和时代的进步,农业结构的调整和农业经营模式的创新已经成为一种必然趋势。在这样的背景下,农民的经营性收入也将逐渐增加,这无疑是一件值得期待的好事。首先,我们要明白,农业结构的调整不仅仅是对传统农业的优化和升级,更是对现代农业的探索和创新。通过发展家庭农场、农民合作社等新型经营主体,农民可以更好地组织起来,形成一种规模效应,从而提高经营效益。家庭农场是一种新型的家庭农业经营模式,它以家庭为单位,通过集约化、专业化、机械化的方式进行农业生产,不仅可以提高农业生产效率,还可以增加农民的收入。而农民合作社则是农民自愿联合起来的一种组织形式,它可以有效地整合资源,提高农民的组织化程度,从而增强其在市场中的竞争力。除此之外,政府对新型农业经营主体的支持和鼓励也是不可忽视的因素。政府通过一系列的政策措施,如财政补贴、税收优惠等,为新型农业经营主体提供了良好的发展环境,进一步促进了农民经营性收入的增加。然而,我们也要清醒地认识到,增加农民经营性收入并不是一蹴而就的过程,需要我们不断地探索和实践。在未来的发展中,我们还需要进一步完善农业结构调整的政策体系,提高农民的科技素质和经营管理能力,从而为农民经营性收入的持续增加提供更加坚实的保障。

(三)增加财产性收入

随着农村土地制度改革的深入推进,我们看到了一个积极的变化趋势,那就是农民的财产性收入将逐渐增加。这一变化不仅将为农民带来更多的经济收益,也将进一步推动农村经济的发展和繁荣。首先,土地流转是农民财产性收入增加的一个重要途径。在改革的过程中,许多农民开始将自家的土地流转给农业企业、合作社或其他有实力的经营主体，以实现土地的高效利用。而这部分土地流转收益，将直接进入农民的口袋，成为他们的财产性收入来源之一。其次，股份合作也是农民财产性收入增加的重要方式。在农村土地制度改革中，许多地方开始探索农村集体经济组织与农民个人之间的股份合作模式。通过这种方式，农民可以以土地承包经营权入股，参与农村集体经济的发展和分红，从而得到更多的土地收益。除了以上两种方式，农民还可以通过其他途径增加财产性收入。例如，一些地方开始探索农村土地征收制度改革，通过合理的补偿机制，保障农民的土地权益。同时，政府也鼓励和支持农民发展农村电商、乡村旅游等新兴产业，为农民提供更多的创业和就业机会，从而增加他们的财产性收入。农村土地制度改革的深入推进为农民带来了更多的财产性收入机会。通过土地流转、股份合作等方式，农民可以得到更多的土地收益，从而改善自己的经济状况，提高生活水平。同时，这也将进一步推动农村经济的发展和繁荣，为乡村振兴战略的实施打下坚实的基础。

（四）稳定转移性收入

为了进一步加大对农业农村的投入力度，我们将继续采取一系列措施，以提高农民的转移性收入。这些措施包括实施农业补贴政策，为农民提供必要的资金和技术支持，帮助他们提高生产效率，增加收入来源。我们深知，资金和技术是农业发展的关键因素，只有当农民有了足够的资金和技术支持，他们才能提高生产效率，增加收入，进而提高他们的生活水平和社会福利。同时，我们还将加大对农村社会保障体系的投入力度，为农民提供更好的医疗、养老、教育等公共服务。我们相信，只有当农民有了更好的社会保障体系，他们才能有更多的安全感，才能有更多的精力投入到农业生产中去。我们将努力提高农村社会保障体系的覆盖面和水平，让农民享受到更好的医疗、养老、教育等服务，以提高他们的生活质量和幸福感。此外，我们还将积极引导社会资本和民间力量进入农业农村领域。我们将鼓励他们投资农业科技、农村基础设施建设、农村旅游等产业。我们相信，社会资本和民间力量的进入将为农业农村带来更多的活力和机遇。这些投资将带动农业农村的转型升级和可持续发展，提高农民收入水平，改善农村环境，促进城乡一体化发展。

第三节　保障国家食物安全对农业科技提出的要求

一、提高农作物单产的要求

提高农作物单产的挑战是一个复杂而又重要的问题。首先,我们需要认识到农作物单产的提高不仅仅依赖于技术的进步,这是一个复杂而又重要的问题。在现代农业中,我们已经拥有了多种提高农作物单产的技术手段,如精准农业、无人机监测、智能灌溉系统等。这些技术可以帮助我们更好地了解和管理农田,从而提高产量。然而,这些技术的应用需要相应的技能和知识,对于大多数农民来说,学习和掌握这些技术并不是一件容易的事情。因此,我们需要加强技术培训和推广,提高农民的技能和知识水平。除了技术因素外,环境因素也是影响农作物单产的重要因素。气候变化、极端天气、土壤退化等问题都可能对农业生产产生负面影响。因此,我们需要采取相应的措施来保护环境,减少对环境的破坏,从而为农作物单产的提高创造有利条件。此外,种植方式和管理方法也是提高农作物单产的重要手段。合理的种植密度、适当的施肥方式、合理的灌溉时间等都可以提高农作物的产量。

提高农作物单产是一个需要综合考虑各种因素的过程。我们需要加强技术培训和推广,提高农民的技能和知识水平。同时,也需要加强环境保护和资源利用,为农作物单产的提高创造有利条件。只有这样,我们才能更好地应对提高农作物单产的挑战。在此基础上,我们还需要进一步探索和研究新的种植和管理方法,以提高农作物的产量和质量。这可能需要我们不断尝试新的种植模式、施肥方法、灌溉技术等,同时也需要我们不断学习和掌握新的技术和知识。只有这样,我们才能更好地应对未来农业发展的挑战。

二、保证品质安全的挑战

随着人们生活水平的提高,对农产品的品质要求越来越高,这已经成为一个不可忽视的趋势。在这个背景下,农业科技的发展显得尤为重要,因为只有通过不断地研究和开发新的技术,我们才能满足消费者对农产品品质和安全性的日益增长的需求。首先,我们需要了解的是,农业科技并非仅仅意味着使用更多的化肥和农药。相反,它涵盖了从种子选择、种植方法、灌溉系统、病虫害防治到收获、储存和运输等一系列环节。在这些环节中,我们需要利用最新的科学技术,如基因编辑技术、精准农业技术等,以提高农作物的产量和质量,同时减少对环境的影响。其次,我们需要关注的是农产品安全性的问题。随着消费者对食品安全的关注度不断提高,农业科技也在积极应对这一问题。例如,我们可以利用生物技术研发出抗病性强、抗虫害能力强的农作物品种,从而减少农药的使用。我们也可以采用智能化的储存和运输系统,保证农产品在运输过程中不受污染。

然而,农业科技的发展并非一帆风顺。它需要大量的资金投入,需要科研人员的不懈努力,也需要政策法规的支持和引导。因此,政府和企业需要加大对农业科技的投入,提供更多的研究资金和政策支持,同时也需要加强科研人员的培养和引进。

三、适应气候变化的要求

随着气候变化的加剧,极端天气事件频发,农业生产面临着越来越多的不确定性。气候变化对农业生产的影响主要体现在以下几个方面:

气候变化导致极端天气事件的增多,如暴雨、干旱等,这些极端天气事件对农业生产的影响非常大。在暴雨季节,农田容易发生洪涝灾害,导致作物减产;而在干旱季节,农田则容易出现干旱缺水的情况,影响作物的生长和发育。这些极端天气事件不仅会影响农作物的产量和质量,还会对农业生态系统造成破坏,从而影响农业生产的可持续性。并且,气候变化对农业生产的不确定性还表现在作物品种的选择上。由于气候变化的不确定性,农业生产者需要选择适应不同气候条件的作物品种,这不仅增加了农业生产的风险,也增加了农业生产的不确定性。最后,气候变化还对农作物的生长周期和成熟期产生了影响,使得农业生产者需要不断调整种植和养殖技术,以适应气候变化带来的挑战。

四、推进智能化的要求

随着信息技术的飞速发展,智能化已经成为现代农业发展的一大重要趋势。在农业领域,智能化技术的应用与研究已经成为当前科研的重要课题,它不仅有助于提高农业生产效率,同时也能够带来更高的经济效益。首先,智能化技术为农业科技提供了强大的支持。在传统的农业生产中,农民往往需要依赖经验和感觉进行决策,而智能化技术则可以通过大数据、云计算等技术,对农业生产环境进行实时监测,为农民提供精准的种植、施肥、灌溉等建议,大大提高了农业生产效率。此外,智能化技术还可以帮助农民实现对农业机械的远程控制和调度,进一步提高了农业生产的自动化水平。其次,智能化农业的发展也带来了许多新的机遇。通过引入智能化技术,农业生产已经不再局限于传统的农田和温室,而是可以扩展到更多的领域,如设施农业、精准农业等。这些新型的农业模式不仅可以提高农业生产效率,同时也能够为消费者提供更加安全、健康、多样化的农产品。此外,智能化农业的发展还可以带动相关产业的发展,如智能装备制造、物联网技术、人工智能等产业,从而为经济增长注入新的活力。

然而,智能化农业的发展也面临着一些挑战。首先,智能化技术的应用需要一定的资金和技术的投入,这对于一些经济欠发达地区的农业发展来说是一个不小的难题。其次,智能化农业的发展还需要解决一些技术难题,如数据安全、隐私保护、农业灾害预警等。因此,我们需要加强智能化技术的研发和应用,同时也要注重相关法律法规的制定和实施,以确保智能化农业的健康发展。

智能化已经成为现代农业发展的重要趋势。我们需要加强智能化技术的应用和研究,推进智能化农业的发展,以提高农业生产的效率和效益。同时,我们也要关注智能化农业发展面临的挑战,积极寻求解决方案,为农业现代化建设注入新的动力。

五、保障生态环保的要求

农业科学发展对生态环保的挑战是一个复杂而深远的问题。随着农业技术的不断进步,我们正在努力提高农作物的产量,改善农产品的质量,以及优化农业资源的利用效率。然而,这种发展也带来了一些挑战,尤其是在生态环保方面。首先,农业科学技术的进步往往伴随着化学肥料和农药的大量使用。这些物质虽然可以提高农作物的产量,但它们也对环境造成了负面影响。过度使用化学肥料和农药会导致土壤退化,水体污染,以及生物多样性的减少。这些环境问题不仅影响了生态系统的健康,也威胁到了人类的健康和福祉。其次,农业科学技术的进步也改变了土地利用方式。随着农业集约化的发展,越来越多的土地被用于种植农作物,这可能导致森林、湿地等生态系统的破坏和丧失。这些生态系统在保持水土、调节气候、提供生物多样性等方面发挥着重要的作用,它们的丧失无疑会对生态环境造成影响。此外,农业科学技术的推广和应用也需要在农村地区进行大量的基础设施建设和教育。这需要大量的资金和人力资源,同时也需要考虑到当地社区的利益和需求。如果忽视了这些因素,农业科学技术的推广和应用可能会对生态环境造成更大的负面影响。

农业科学发展对生态环保造成的挑战是多方面的,需要我们在发展农业科技的同时,注重生态环保,采取可持续的农业发展模式,减少化学肥料和农药的使用,保护和恢复生态系统,同时也要考虑到当地社区的利益和需求。只有这样,我们才能实现农业的可持续发展,才能保护好我们的生态环境。

第七章 农业科技创新战略

第一节 农业知识创新战略

一、农业知识创新战略的定义和内涵：

(一)农业知识创新战略的定义

农业知识创新战略是指通过不断探索、研究和应用新的农业知识，以提高农业生产效率、改善农产品质量、促进农业可持续发展的一种战略。该战略旨在通过创新的方式，将新的农业知识应用于农业生产实践，以实现农业的现代化和智能化，提高农业生产的效益和竞争力。具体而言，农业知识创新战略包括以下几个方面：首先，农业知识创新战略需要不断探索新的农业技术，如新型肥料、农药、种子、灌溉技术等，以提高农作物的产量和质量。同时，还需要研究新的农业管理方法，如智能化农业管理、精准农业等，以提高农业生产效率和管理水平；其次，农业知识创新战略需要加强农业教育和培训，提高农民的素质和技能水平。通过培训和教育，农民可以更好地掌握新的农业知识和技术，提高他们的生产技能和管理能力，从而更好地适应现代农业发展的需要；最后，农业知识创新战略还需要加强农业科技创新和转化，将新的农业知识转化为实际的生产力。这需要建立完善的科技创新体系和转化机制，将科研成果转化为实际的生产力和经济效益，推动农业的可持续发展。

(二)农业知识创新战略的内涵

农业知识创新战略的内涵可以从多个方面来理解。首先，农业知识创新战略的核心在于对传统农业知识的更新和升级，以适应现代农业发展的需要。这涉及引入新的农业技术、管理方法、市场策略等，以提高农业生产效率、降低生产成本、增加农民收入。在这个过程中，需要充分考虑现代农业发展的趋势和特点,结合当地的实际情况,制订出符合实际的农业知识更新和升级方案。其次,农业知识创新战略还需要注重知识的共享和传播。通过各种途径和手段,将农业知识传递给更多的农民,使他们能够更好地掌握和应用这些知识,从而提高农业生产水平。这包括建立农业知识共享平台、开展农业知识培训、组织农业知识讲座等活动,让更多的农民能够接触到最新的农业知识和技术,从而提升他们的农业生产技能和水平。

此外,农业知识创新战略还需要注重人才培养。通过教育和培训等方式,提高农民的知识水平和技能水平,使他们能够适应现代农业发展的需要。这包括开展农业职业教育、举办农业技能大赛等活动,让农民能够通过学习和实践,掌握更多的农业知识和技能,从而更好地适应现代农业发展的需求。最后,农业知识创新战略还需要注重与其他领域的合作。如科技、教育、经济等,以实现农业知识的跨界融合和创新,从而推动农业的可持续发展。这包括与科技企业合作研发新型农业技术、与教育机构合作培养农业人才、与经济部门合作推广新型农业模式等,通过跨领域的合作,实现农业知识的创新和应用,从而推动农业的现代化和可持续发展。

二、农业知识创新战略在农业发展中的作用

(一)提高农业生产效率

农业知识创新是推动农业发展的重要动力,这一点已经被越来越多的实践所证明。在农业领域,创新不仅包括引入新技术、新方法和新工具,也包括对现有知识的更新和优化。例如,精准农业技术就是一种非常有前途的创新农业知识。精准农业技术通过先进的科技手段,帮助农民更精确地了解和管理农田,包括土壤状况、水分需求、养分吸收等。这种技术可以帮助农民更好地利用土地资源,提高产量和质量,同时还可以减少人力和物力的浪费,降低生产成本,提高经济效益。此外,智能农业机械也是农业知识创新的重要应用之一。智能农业机械具有自动化、智能化和精确化的特点,它能够大大提高农业生产效率,减少人力和物力的投入,降低生产成本。同时,智能农业机械还可以提高农产品的质量和安全性,为消费者提供更安全、更健康的农产品。智能农业机械的出现,不仅改变了传统农业的生产方式,也推动了农业生产的现代化进程。在当今社会,随着人们生活水平的提高和消费观念的转变,对农产

品质量和安全性的要求也越来越高。因此,农业知识创新不仅关乎农业生产效率的提高,也关乎农产品的质量和安全。

(二)提升农产品质量

农业知识创新在研究和发展新的种植和养殖技术方面发挥着至关重要的作用。我们必须认识到,农业不仅仅是一种经济活动,更是一种关系到人类生存和发展的基础性产业。农业是全球经济的基石,它不仅提供了我们所需的食品,还为许多行业提供了原材料。然而,随着人口的增长和环境的变化,传统的农业实践已经无法满足我们的需求。因此,我们需要通过不断进行知识创新,探索和实践新的种植和养殖方法,以实现农业的可持续发展。

在种植方面,我们应当采用更加科学的种植方法。传统的种植方法往往依赖于大量的化肥和农药,这不仅增加了农产品的污染程度,还对环境造成了破坏。因此,我们需要探索更加环保的种植方法,如有机农业和生物防治病虫害等。通过这些方法,我们可以减少化肥和农药的使用量,从而提高农产品的安全性和健康价值。此外,我们还可以采用更加精准的农业技术,如遥感技术和地理信息系统等,以实现更精确的种植和管理。

在养殖方面,我们可以通过了解养殖动物的生理特点,制订更加科学合理的养殖方案。这不仅可以提高农产品的产量和质量,还可以提高农民的经济效益和生态效益。此外,我们还可以推广生态养殖和循环农业等新型养殖模式。这些模式可以实现资源的循环利用和农产品的绿色生产,从而降低对环境的压力。

因此,我们应该不断加强农业知识创新,推广科学的种植和养殖方法,以实现农业的可持续发展。这不仅有利于提高农产品的品质和质量,保障食品安全和健康,还有利于保护生态环境,实现经济、社会和生态的协调发展。同时,这也将为农民提供更多的机会和收入来源,促进农村经济的发展。然而,要实现这一目标并非易事。我们需要更多的研究和发展人员投入到农业知识创新中来,他们需要深入了解农业的各个方面,包括种植、养殖、环境影响等。同时,我们也需要政府、企业和公众的共同努力和支持。政府可以提供更多的资金和政策支持,企业可以投资研发新的种植和养殖技术,公众可以积极参与推广和应用这些技术。

（三）增强农业竞争力

随着市场竞争的加剧,农业企业需要不断进行知识创新,提高自身的竞争力和品牌影响力。面对日益激烈的市场竞争,农业企业必须不断探索新的发展路径,以适应不断变化的市场环境。知识创新是农业企业实现可持续发展的关键,它不仅可以提高企业的竞争力和品牌影响力,还可以为企业的未来发展奠定坚实的基础。

为了实现知识创新,农业企业需要引入先进的生产技术和设备。这些技术和设备不仅可以提高农产品的生产效率和质量,还可以降低生产成本,提高企业的经济效益。同时,农业企业还需要不断探索新的农产品品种和品牌,以满足不同消费者的需求。通过开发新的农产品品种和品牌,农业企业可以提高自身的市场地位和盈利能力,从而在激烈的市场竞争中脱颖而出。在引入先进的生产技术和设备方面,农业企业可以采取多种措施。首先,他们可以引进国外先进的生产技术和设备,以提高农产品的生产效率和品质。其次,他们可以与高校和研究机构合作,共同研发新的生产技术和设备,以提高农产品的产量和质量。再次,农业企业还可以通过技术创新和研发,开发出具有特色的农产品品种和品牌,以满足不同消费者的需求。在开发新的农产品品种和品牌方面,农业企业需要深入了解市场需求和消费者偏好。他们可以通过市场调研和分析,了解消费者的需求和偏好,从而开发出符合市场需求的新产品。同时,农业企业还需要注重品牌建设,通过打造独特的品牌形象和品牌文化,提高企业的品牌影响力和知名度。最后,农业企业还可以通过与电商平台合作,拓宽销售渠道,提高农产品的销售量和市场占有率。

（四）促进农业可持续发展

随着人口的增长和环境压力的增加,农业的可持续发展已成为全球关注的焦点。在这个背景下,农业知识创新在推动农业可持续发展中发挥着至关重要的作用。本文将探讨农业知识创新如何帮助农民更好地利用自然资源和生态环境,并举例说明如何通过研究和推广节水灌溉技术、有机农业等实现这一目标。

首先,农业知识创新的核心在于对现有农业技术的改进和研发新的技术。通过研究和推广节水灌溉技术,我们可以大幅度提高水资源的使用效率,降低对有限水资源的过度开采和浪费。这种技术不仅可以减少对环境的破坏和污染,还能在一定程度上缓解水资源短缺的压力。此外,有机农业也是农业知识创新的重要组成部分。有机农业强调生态系统的平衡和生物多样性的保护,通过采用自然农法和有机肥料的使用,减少化学农药和化学肥料的使用,降低对土壤、水和空气的污染。有机农业不仅可以提高农业的生态效益,还能为消费者提供更加健康、安全的农产品,从而提高农业的社会效益。然而,农业知识创新并非一蹴而就的过程,需要政府、科研机构、农民和消费者的共同努力。政府应加大对农业科研的投入,为农业知识创新提供必要的资金支持。科研机构应加强合作,共同研发具有国际竞争力的农业技术,提高我国农业的国际竞争力。农民应积极接受和运用新的农业知识,转变传统生产方式,提高农业生产效率和质量。同时,消费者也应提高对有机和绿色农产品的认识和需求,推动市场对可持续农业的支持。

(五)培养新型农民

随着社会经济的发展,农业知识创新的重要性日益凸显。为了适应新的农业发展需求,培养大量具备创新意识和实践能力的新型农民成为当务之急。这些新型农民不仅需要具备扎实的农业知识,更需要有创新思维和实践能力,以应对日益复杂的农业环境。为了实现这一目标,农业教育和培训是关键。通过开展农业教育和培训,我们可以帮助农民掌握新的农业知识和技能,提高他们的综合素质和就业能力。这不仅可以增强农民的农业生产能力,提高农产品的质量和产量,还可以提高农民的市场竞争力,增加他们的收入。在农业教育和培训中,我们需要注重实践能力的培养。理论知识固然重要,但只有将理论知识转化为实践操作,才能真正发挥其作用。因此,我们需要为农民提供更多的实践机会,让他们在实际操作中掌握新的农业知识和技能。这可以通过建立农业实训基地、开展田间教学等方式实现。

三、农业知识创新战略的发展路径和策略

(一)建立农业科技创新体系

在现代农业的发展中,科技创新的重要性日益凸显。为了加强农业科技创新,我们需要建立一种以企业为主体、市场为导向、产学研用深度融合的农

业科技创新体系。这种体系将企业、高校、科研机构以及农业生产者紧密地联系在一起,形成一种良性互动,共同推动农业科技创新的发展。首先,企业应当成为农业科技创新的主导力量。企业具有强烈的创新意识和市场导向,能够敏锐地捕捉到市场的需求和变化,从而推动农业科技创新的方向和重点。同时,企业也应当加大研发投入,提高自身的科技创新能力,以适应激烈的市场竞争。其次,我们还需要加强企业与高校和科研机构的合作。高校和科研机构拥有丰富的科技资源和专业的人才队伍,能够为企业的科技创新提供强大的技术支持。通过产学研用的深度融合,企业可以与高校和科研机构共同开展农业科技创新和成果转化,提高科技成果的转化率和实用性。

(二)加强农业人才培养

在现代农业发展的背景下,我们有必要加大对农业院校和农业科技人才的支持力度,培养一批具备创新意识和实践能力的农业人才。这是因为,农业院校是培养农业科技人才的重要基地,而农业科技人才则是推动农业现代化、提高农业生产效率的关键力量。

加强对农业院校的投入,提高其教学设施和师资力量。这不仅有助于提高教学质量,也有助于吸引更多的优秀学生报考农业专业。同时,我们还需要为农业院校提供更多的科研项目和资金支持,鼓励他们开展具有创新性的研究,为农业生产提供更多的科技支持。在培养农业人才方面,我们需要注重培养他们的实践能力和创新意识。除了培养农业人才外,我们还需要加强对农民的培训和教育,提高他们的科技素质和农业生产技能。为农民提供定期的培训和教育,使他们掌握现代农业科技知识、了解最新的农业生产技术,从而提高他们的生产技能和效率。

在培训和教育的过程中,我们需要注重培训内容的实用性和针对性。例如,我们可以根据不同地区的农业生产特点,制订相应的培训计划和课程,使农民能够更好地掌握当地的农业生产技术。同时,我们还需要注重培训方式的多样性和灵活性,如采用线上线下的培训方式、开展田间地头的现场教学等,使农民能够更好地理解和掌握所学知识。

(三)推进农业信息化和智能化

随着科技的不断发展,信息技术和智能化技术已经成为推动农业生产发展的重要手段。通过利用信息技术和智能化技术,我们可以显著提高农业生产的信息化和智能化水平,从而提高农业生产效率和精准度。

智能农业机械是实现农业智能化生产的重要工具。与传统农业机械相比,智能农业机械具有更高的自动化和智能化程度,能够根据土壤、气候等环境因素自动调整作业参数,从而提高作业效率和质量。例如,智能灌溉系统可以根据土壤湿度和作物生长需求自动调节灌溉水量,从而实现精准灌溉,节约水资源。

物联网技术是实现农业生产信息化的重要手段。通过物联网技术,我们可以实现对农业生产环境的实时监测和控制,从而为农业生产提供更加精准的数据支持。例如,通过在农田中布置传感器,可以实时监测土壤湿度、温度、pH 值等环境参数,从而为农民提供更加精准的种植建议和施肥方案。此外,物联网技术还可以实现对农业机械的远程控制和调度,从而提高农业生产效率。大数据分析是实现农业生产智能化和信息化的重要工具。通过对农业生产过程中的各种数据进行分析,我们可以发现农业生产中的规律和问题,从而为农业生产提供更加精准的决策支持。例如,通过对作物生长数据的分析,我们可以预测作物的病虫害发生情况,从而提前采取防治措施;通过对农业投入品使用数据的分析,我们可以优化投入品的使用方案,从而降低生产成本。

(四)促进农业生态环保技术创新

在现代农业的发展中,我们越来越关注环境保护和可持续发展的重要性。农业作为国民经济的基础产业,其生产方式对环境的影响不可忽视。有机农业是一种环保型的农业生产方式,它强调使用有机肥料和生物防治病虫害,减少化学农药和化学肥料的施用。这种生产方式不仅可以减少对环境的污染,还可以提高农产品的品质和安全性。因此,有机农业的研究和推广对于实现农业的绿色化和可持续发展具有重要意义。生态养殖也是一种环保型的农业生产方式。它通过构建合理的生态系统,将养殖业与环境友好地结合起来。例如,可以利用水生植物、微生物等生物资源,构建水产养殖的生态系统,减少水体的污染,提高水产养殖的产量和质量。此外,生态养殖还可以提高资源的利用率,实现资源的循环利用,降低农业生产对环境的影响。除了有机农业和生态养殖,节水灌溉技术也是降低农业生产对环境影响的重要手段。传统的灌溉方式往往会造成水资源的大量浪费,而节水灌溉技术可以通过改进灌溉设施和灌溉方法,提高水资源的利用效率。这不仅可以减少水资源的浪费,还可以降低农业生产对水资源的依赖,减少水资源的短缺对农业生产的影响。

加强农业生态环保技术的研究和推广是降低农业生产对环境影响的关键措施。这些技术不仅可以提高农产品的品质和安全性,还可以实现农业的绿色化和可持续发展,促进农业的转型升级。因此,我们应该加大对农业生态环保技术的研究力度,推广这些技术在实际生产中的应用,提高农业生产的经济效益和社会效益。

(五)强化政策支持和资金投入

在现代农业发展的背景下,加大对农业知识创新战略的政策支持和资金投入,对于推动农业科技创新和成果转化具有至关重要的意义。首先,政策支持是农业科技创新的重要推动力。政府应制定一系列鼓励农业科技创新的政策,如提供科研经费、税收优惠等,以激发科研机构、企业和个人的创新热情。此外,政策支持还能为农业科技创新提供良好的环境,包括提供科研设施、搭建交流平台等,以促进农业科技成果的共享和交流。在资金投入方面,政府应加大对农业科研的资金投入,确保科研机构有足够的经费进行科研工作。同时,政府还可以引导社会资本进入农业科技创新领域,通过设立农业科技创新基金等方式,吸引更多的社会资源投入到农业科技创新中。资金投入的增加将有助于提高科研机构的研究能力,推动农业科技成果的研发和转化。

推动农业科技创新和成果转化,不仅需要政策支持和资金投入,还需要建立健全的农业知识产权保护机制。知识产权保护是激发创新活力的关键因素。建立健全的农业知识产权保护机制,可以保护科研人员的创新成果,防止知识产权被侵犯或被窃取。同时,知识产权保护还可以激励科研人员更加积极地投入科研工作,提高科研成果的质量和数量。

第二节　农业技术创新战略

一、农业技术创新的主要领域

（一）生物技术

随着生物技术的不断发展,基因工程、细胞工程、酶工程等手段的应用已经深入到了农业领域。这些技术不仅可以改良作物品种,提高动植物生长性能,还可以开发出新型生物产品,如生物肥料等。

基因工程是利用基因重组技术来改变生物体的遗传物质,从而改变其性状。在作物品种改良方面,基因工程可以提供更优质、更抗逆的品种。例如,通过基因工程,我们可以将抗病、抗虫、抗旱等优良基因导入到作物中,从而提高作物的抗逆性,增强其适应环境的能力。此外,基因工程还可以改善作物的营养价值,提高其产量和品质。细胞工程则是通过细胞培养、细胞融合等技术手段,实现细胞内基因表达或基因抑制的调控,从而改善生物的生长性能。在动植物养殖中,细胞工程可以促进动植物的生长速度,缩短生长周期,提高养殖效率。同时,细胞工程还可以为新型生物产品的开发提供新的思路和方法。酶工程则是利用酶的催化作用,通过控制反应条件、优化反应途径等手段,提高生物反应的效率,从而实现生物产品的生产。在农业生产中,酶工程可以应用于植物生长调节剂的生产、肥料改良等领域。此外,酶工程还可以开发新型生物肥料,通过微生物的分解作用,将有机废物转化为高效的肥料,既解决了环境污染问题,又提高了农作物的养分吸收效率。

除了以上三种生物技术手段外,近年来随着生物技术的不断发展,新型生物产品也在不断涌现。例如,利用基因工程和细胞工程相结合的方法,开发出具有特殊功能的微生物菌剂、生物农药等新型生物产品。这些产品不仅可以提高农作物的抗病、抗虫能力,减少农药的使用量,降低环境污染,还可以提高农作物的产量和品质。

此外,利用生物技术手段开发的新型生物肥料也是一种具有广阔应用前景的产品。这种生物肥料不仅可以提高土壤肥力,促进农作物生长,还可以减少化肥的使用量,降低环境污染。同时,这种生物肥料还可以利用微生物的分解作用,将有机废物转化为高效的肥料,实现废弃物的资源化利用。

(二)信息技术

随着物联网、大数据和人工智能等信息技术的发展,它们在农业生产中的应用已经成为现代农业发展的新趋势。这些技术的应用,不仅可以实现智能化农业、精准农业和智慧农业,提高农业生产效率和资源利用效率,而且还可以为农业发展带来更多的机遇和挑战。

物联网技术为农业生产提供了强大的技术支持。通过物联网技术,我们可以实现对农田环境的实时监测和控制,如温度、湿度、光照、土壤养分等。这些数据可以被收集和分析,以便及时调整农作物的生长条件,提高农作物的产量和质量。此外,物联网技术还可以用于智能灌溉和施肥,实现精准农业,减少水资源和肥料的浪费。同时,大数据技术为农业生产提供了更全面的数据支持。通过收集和分析大量的农业数据,我们可以更好地了解农作物的生长状况和市场需求,从而制订更加科学合理的农业生产计划。这些数据还可以用于预测未来的天气和市场需求,以便提前做好应对措施。此外,大数据技术还可以帮助我们实现农业生产的智能化决策,提高生产效率和资源利用效率。

(三)农业装备技术

随着科技的进步,研发新型农业装备和智能化农业机械已成为提高农业生产自动化水平和减轻劳动强度的关键手段。这种新型农业机械不仅有助于提高生产效率,而且还能为农民提供更舒适的工作环境,从而大大改善他们的生活质量。

无人驾驶拖拉机是一种具有革命性的农业机械,它能够自主导航,无须人工操作。这种拖拉机配备了先进的传感器和计算机视觉系统,能够识别地形、障碍物和作物生长情况,从而自动调整行驶路径和耕作深度。无人驾驶拖拉机的应用不仅可以大大提高耕作效率,而且还能减少人为错误,降低对土地和水资源的浪费。

智能灌溉系统也是智能化农业机械的重要组成部分。传统的灌溉系统通常依赖于人工操作,不仅耗时费力,而且容易受到人为因素的影响。而智能灌溉系统则能够根据土壤湿度、作物生长需求和天气条件等因素自动调整灌溉时间和水量,从而确保作物得到充分的水分供应。这种系统不仅可以节省水资源,而且还能提高农作物的产量和质量。然而,智能化农业机械的研发和应用并非一帆风顺。

(四)农业环保技术

随着环境问题的日益严重,人们对于环保型农业生产方式的关注度越来越高。为了实现农业的可持续发展,我们需要研究和发展生态农业、有机农业、循环农业等环保型农业生产方式,以降低农业生产对环境的污染,并促进农业的可持续发展。首先,生态农业是一种以生态平衡理论为基础的农业生产方式。它强调在保持生态系统稳定性的前提下,合理利用自然资源,减少化肥和农药的使用,以提高农产品的产量和质量。生态农业注重生物多样性的保护,通过合理利用土地、水资源和动植物资源,实现农业生产的良性循环。有机农业则是一种完全不使用化学合成肥料、农药和生长调节剂等人工合成物质的农业生产方式。它强调有机肥料的施用,以及采用轮作、间作等种植方式,以保持土壤肥力,减少病虫害的发生。有机农业不仅有助于保护环境,还能提高农产品的安全性和营养价值,满足消费者对于健康食品的需求。循环农业则是一种将废弃物转化为资源的农业生产方式。它通过建立废弃物处理和再利用系统,将农业生产过程中的废弃物转化为肥料、饲料、燃料等资源,减少环境污染,提高资源利用效率。循环农业有助于实现农业生产的绿色化和低碳化,为农业可持续发展提供有力支持。

(五)农业生物资源开发利用

随着科技的发展,农业生物资源的利用已经成为现代农业的重要组成部分。通过发酵、酶解、提取等生物技术手段,我们可以开发出新型食品、保健品、药品等高附加值产品,为人类健康和经济发展做出重要贡献。首先,农业生物资源中的微生物资源是开发新型食品的重要来源。通过发酵技术,我们可以将微生物转化为具有独特风味和营养价值的食品,如发酵乳制品、酸菜等。此外,微生物还可以用于生产生物燃料,如乙醇和生物柴油等,为环保事业做出贡献。其次,酶解技术是开发保健品的重要手段。酶是一种生物催化剂,能够加速生物体内的化学反应并提高效率。通过酶解技术,我们可以提取出具有特定功能性的酶,用于生产保健品。例如,某些酶可有促进消化吸收、增强免疫力、抗氧化等作用,为人们提供更加安全、健康的保健品选择。最后,提取技术是开发药品的重要途径。农业生物资源中包含许多具有药用价值的植物和动物资源,通过提取技术,我们可以从中提取出具有特定疗效的成分,用于生产药品。这些药品可以用于治疗各种疾病,提高人类健康水平。

利用农业生物资源开发新型食品、保健品、药品等高附加值产品,不仅可以促进农业的可持续发展,还可以为人类健康和经济发展做出重要贡献。因此,我们应该加强农业生物资源的保护和利用,推动相关技术的研发和应用,为人类创造更加美好的未来。

二、农业技术创新战略的实施路径

(一)强化政策支持

随着社会经济的发展,农业在国民经济中的地位越来越重要。为了提高农业生产的效率和质量,应加大对农业技术创新的政策支持力度。首先,制定科技创新政策是必不可少的。政策应明确鼓励农业技术创新的方向和目标,引导农业企业、科研机构和农民积极投入科技创新。同时,政策应明确规定科技创新的奖励机制,对在农业技术创新中做出突出贡献的个人或团体给予一定的奖励,以激发他们的科技创新热情。其次,设立专项资金也是非常重要的。政府应设立专门的农业技术创新资金,用于支持农业科研机构的研究项目、农业企业的技术创新项目以及农民的技术培训等。资金的使用应公开透明,确保资金的有效利用,避免浪费和滥用。此外,提供税收优惠也是激发农业企业、科研机构和农民科技创新热情的有效手段。政府可以制定税收优惠政策,对农业技术创新项目给予一定的税收减免或优惠,以降低农业企业的技术创新成本,提高他们的创新积极性。

(二)加强人才培养

随着农业现代化的进程不断加快,农业科技人才的培养显得尤为重要。我们需要加强农业科技人才的培养,建立完善的人才培养体系,为农业技术创新提供坚实的人才保障。首先,我们需要明确农业科技人才的培养目标。不仅要培养一批具备扎实理论基础和专业知识的人才,还要注重培养他们的创新意识和实践能力。只有具备创新意识和实践能力的农业科技人才,才能更好地适应现代农业发展的需要,为农业技术创新提供源源不断的动力。其次,我们需要建立完善的人才培养体系。这包括制订科学合理的人才培养计划,优化课程设置,加强实践教学,提高教学质量。同时,我们还需要加强与高校、科研机构、企业等各方面的合作,共同培养农业科技人才,形成产学研相结合的培养模式。此外,我们还需要注重农业科技人才的职业发展。为他们提供更多的职业发展机会和平台,鼓励他们不断学习和进步,提高自身的综合素质和能力水平。同时,我们还需要加强农业科技人才的引进和留用工作,吸引更多的优秀人才加入农业科技创新的行列中来。

(三)推进产学研合作

随着社会经济的发展,农业企业、高校和科研机构在农业技术创新和成果转化中的作用越来越重要。为了提高农业技术创新的效率和效益,加强这三者之间的合作是至关重要的。首先,农业企业是农业技术创新的重要主体之一,它们在农业生产、加工、销售等环节中发挥着重要作用。通过加强与高校和科研机构的合作,农业企业可以获得更多的技术支持,提高自身的技术水平和生产效率,从而更好地满足市场需求,提高市场竞争力。其次,高校和科研机构是农业技术创新的重要推动力量,它们拥有丰富的科研资源和人才优势,能够为农业企业提供关键的技术支持和研发成果。通过建立产学研创新联盟,高校和科研机构可以与企业紧密合作,共同开展农业技术创新和成果转化工作,加速科技成果的转化和应用,推动农业产业的发展和升级。最后,这种合作模式还可以促进农业技术的普及和推广,提高农民的技术水平和生产效率,从而促进农村经济的发展和农民生活水平的提高。

(四)加大资金投入

为了加快农业技术创新的速度,政府需要加大对农业技术创新的资金投入,通过多种方式形成多元化的资金投入机制,从而推动农业技术创新战略的实施。首先,政府应该积极引导社会资本和民间资本投入到农业技术创新领域。政府可以通过制定一系列优惠政策,如税收减免、财政补贴等,来吸引更多的企业和个人参与到农业技术创新中来。同时,政府还可以通过设立专项资金,为农业技术创新提供必要的资金支持。其次,企业也应该积极投入农业技术创新。企业作为市场经济的主体,具有强大的经济实力和创新能力,其应该充分发挥自身的优势,积极投入到农业技术创新中来。企业可以通过与高校、科研机构合作,共同研发新技术、新产品,提高农业生产效率和质量。此外,社会资本也可以参与到农业技术创新中来。社会资本包括个人投资、慈善捐赠等,具有灵活性和多样性,可以为农业技术创新提供更多的资金来源。社会资本的参与不仅可以为农业技术创新提供资金支持,还可以促进社会各界对农业发展的关注和支持。

(五)促进成果转化

为了加强农业科技成果的转化和推广,建立完善的科技成果转化体系是至关重要的。首先,我们需要鼓励企业和农民采用新技术、新品种和新方法,以提高农业生产效益和农产品竞争力。在农业科技成果转化方面,政府应该发挥主导作用,通过制定相关政策,为农业科技成果的研发、推广和应用提供必要的支持和保障。同时,政府还可以设立专门的机构或组织,负责科技成果的转化和推广工作,以促进科技成果的广泛应用和转化。此外,企业和农民应该成为科技成果转化的重要力量。企业应该积极引进新技术、新品种和新方法,并将其应用于生产实践中,以提高生产效率和产品质量。农民也应该积极学习和应用新技术、新品种和新方法,以提高农业生产效益和农产品质量,从而增强农产品的市场竞争力。在建立完善的科技成果转化体系的过程中,还需要注重人才培养和引进。农业科技成果转化需要具备专业知识和技能的人才来推动,因此,政府和企业应该加大对人才培养和引进的投入力度,为科技成果转化提供必要的人才保障和支持。

第三节 农业科技创新人才发展战略

一、培养和引进高层次创新人才

随着社会经济的发展,农业科技的重要性日益凸显,而农业科技人才的培养和引进则是推动农业科技创新和发展的重要保障。因此,企业和政府应该加大对农业科技人才培养和引进的投入,以打造一支高素质的农业科技创新人才队伍。首先,企业和政府应该积极支持农业科技人才的培养。这包括提供更多的培训机会,让农业科技人才能够不断学习和提高自己的专业技能和知识水平。同时,企业和政府也应该提供更多的实践机会,让农业科技人才能够在实际工作中锻炼自己的能力,提高自己的综合素质。其次,企业和政府应该积极引进具有国际影响力的科学家、领军式学科带头人和青年拔尖人才。这些人才具有丰富的科研经验和创新能力,能够为农业科技创新提供重要的支持和指导。同时,他们的引进也能够吸引更多的优秀人才加入农业科技创新领域,从而形成人才聚集效应。此外,企业和政府还应该加强对农业科技人才的激励和保障措施。这包括提供更好的薪酬待遇、福利待遇、职业发展机会等,以吸引和留住更多的优秀人才。同时,也要加强对农业科技人才的保护,防止人才流失和侵权行为的发生。

二、建立完善的科技创新人才体系

随着社会经济的发展,企业对于农业科技人才的需求越来越强烈。为了适应这一需求,企业应加强农业科技人才体系建设,建立以企业为主体、市场为导向、产学研用深度融合的农业科技创新体系。首先,企业应加大研发投入,提高自身的科技创新能力,以适应市场的变化和需求。同时,企业应加强与高校和科研机构的合作,共同开展农业科技创新和成果转化,以推动农业科技的发展和进步。其次,企业应注重人才培养,建立完善的农业科技人才培养体系,培养一批具有创新能力和实践经验的农业科技人才。再次,企业应加强与高校和科研机构的合作,共同培养农业科技人才,以提高人才培养的质量和效率。然后,企业还应注重科技成果的转化和应用,将科研成果转化为实际的生产力,推动农业经济的发展和进步。最后,企业应加强与政府部门的合作,共同推进农业科技创新和成果转化工作,以促进农业经济的可持续发展。

三、加强人才培养和培训

在现代社会,农业科技人才的培养和培训已经成为企业和社会关注的焦点。为了提高他们的科技素质和创新能力,企业应该积极与高校和科研机构合作,共同开展一系列的培训和教育活动。这些活动应该注重实践性和实用性,以提高农业科技人才的技能水平和实践能力。同时,高校和科研机构也应该积极开设农业科技相关课程,为学生提供更多的学习机会和资源。这些课程应该注重理论与实践相结合,注重培养学生的创新能力和团队合作精神。通过这些课程的学习,学生可以更好地了解农业科技的发展趋势和市场需求,为未来的职业发展打下坚实的基础。除此之外,企业和社会也应该为农业科技人才提供更多的实践机会和资源。例如,企业可以与高校和科研机构合作,共同开展一些农业科技项目,为学生提供实践和锻炼的机会。同时,政府和社会组织也应该加大对农业科技人才培养的投入和支持,为农业科技人才提供更多的培训机会和发展空间。加强农业科技人才的培养和培训是提高农业科技水平的关键之一。只有通过企业和社会的共同努力,才能培养出更多具有创新能力和实践能力的农业科技人才,为我国的农业现代化建设做出更大的贡献。

四、建立激励机制

在现代社会,农业科技创新已经成为推动农业发展的重要动力。为了更好地激发农业科技创新人才的创新热情和动力,企业和政府应该建立完善的激励机制。首先,企业和政府应该设立专门的农业科技创新奖项,以表彰那些在农业科技创新方面做出突出贡献的人才。这些奖项不仅是对他们个人成就的认可,也是对他们团队努力的肯定。通过这种方式,可以激励更多的人才投身农业科技创新领域,为农业发展注入新的活力。其次,企业和政府应该提供创新奖励资金,以支持农业科技创新人才开展各种创新活动。这些资金可以用于资助科研项目、购买实验设备、开展技术培训等。通过这种方式,可以降低人才开展创新活动的成本,提高他们的创新效率,从而更好地推动农业科技创新的发展。除此之外,企业和政府还可以通过其他方式来激励农业科技创新人才。例如,可以建立完善的培训体系,为他们提供更多的学习机会和资源,帮助他们不断提升自己的专业水平和技术能力。同时,还可以建立良好的工作环境,提供良好的待遇和福利,让他们能够全身心地投入到创新工作中去。

五、加强人才交流与合作

随着社会经济的发展,企业与农业科技人才之间的交流与合作显得尤为重要。为了促进不同领域、不同地区之间的农业科技创新人才互动和协同发展,企业应该积极采取措施,加强与农业科技人才的交流与合作。首先,企业应该建立完善的农业科技人才交流机制,定期组织各种形式的交流活动,如研讨会、座谈会等,让农业科技人才能够分享经验、交流心得,从而促进彼此之间的合作与进步。同时,企业也应该积极引进国际先进的农业科技人才和团队,通过引进他们的先进技术和经验,提高我国农业科技创新的水平和能力。其次,企业应该注重培养和引进农业科技人才,建立完善的培训体系和激励机制,鼓励农业科技人才不断学习、不断创新,提高自身的综合素质和创新能力。同时,企业也应该注重人才的引进和培养,为农业科技人才提供良好的工作环境和发展空间,让他们能够充分发挥自己的才能和潜力。最后,企业应该加强与政府、科研机构、高校等部门的合作,共同推动农业科技创新的发展。政府应该加大对农业科技创新的投入和支持力度,为农业科技人才提供更好的政策环境和资金支持;科研机构和高校应该加强与企业的合作,共同开展农业科技创新研究,为农业科技人才提供更多的实践机会和学术交流平台。

第四节　农业知识产权保护战略

一、加强知识产权法律法规宣传教育

随着科技的不断发展,知识产权保护问题越来越受到人们的关注。为了更好地保护农业科技人员的知识产权权益,加强知识产权法律法规的宣传和教育是十分必要的。首先,我们需要认识到知识产权的重要性。知识产权是指人们通过创造性的智力劳动成果所享有的权利,包括专利、商标、著作权等。这些权利的保护对于促进科技创新、推动经济发展、维护公平竞争具有重要意义。因此,加强知识产权法律法规的宣传和教育,有助于提高人们对知识产权的认识和重视程度。其次,我们需要加强对农业科技人员的知识产权保护意识培养。农业科技人员是农业领域的重要力量,他们在科技创新、技术推广等方面发挥着重要作用。然而,由于缺乏知识产权保护意识和知识,一些农业科技人员可能会面临知识产权被侵犯的风险。因此,我们需要加强对他们的知识产权保护意识培养,使他们了解如何申请专利、商标等知识产权保护措施,以及如何维护自己的合法权益。此外,我们还需要提高农业科技人员的素养和能力。知识产权保护不仅需要意识培养,还需要具备一定的专业素养和能力。因此,我们需要加强对农业科技人员的培训和教育,使他们了解知识产权保护的基本原则和方法,提高他们的知识产权保护能力和水平。

二、建立健全的农业知识产权保护体系

随着社会经济的发展,农业知识产权保护问题越来越受到人们的关注。

为了更好地保护农业科技创新成果,促进农业现代化发展,建立健全的农业知识产权保护体系显得尤为重要。首先,我们需要完善知识产权管理制度和机制。这包括建立完善的知识产权管理制度,明确知识产权的归属、权利和义务,确保知识产权的合法性和有效性。同时,我们还需要建立完善的知识产权管理机制,包括知识产权的申报、审查、授权、维权等环节,确保知识产权管理的规范化和科学化。其次,我们需要加强对农业科技创新成果的保护和管理。农业科技创新成果是农业现代化的重要支撑,也是农业发展的核心竞争力。因此,我们需要加强对农业科技创新成果的保护和管理,防止侵权和盗版行为的发生。这需要我们加强知识产权的宣传教育,增强农民和企业的知识产权意识,同时加大知识产权的执法力度,严厉打击侵权和盗版行为。此外,我们还需要积极探索知识产权保护的新途径和新方法。随着科技的发展,知识产权保护的方式和手段也在不断变化。我们需要积极探索新的知识产权保护方式和方法,如加强网络知识产权的保护、加强知识产权的国际合作等,以更好地保护农业科技创新成果。

三、加强知识产权的审查和申请

随着农业科技的发展,知识产权在农业领域的重要性日益凸显。为了更好地保护农业科技创新成果,提高农业科技人员的积极性和成功率,应加强对农业知识产权的审查和申请工作。首先,审查工作是必不可少的。在申请知识产权前,需要对相关技术进行深入研究和评估,确保申请的质量和可行性。同时,审查过程中应注重对知识产权的保护,避免侵犯他人权益或造成知识产权的滥用。其次,申请工作需要更加规范化和标准化。在农业领域,知识产权的申请流程和标准需要统一,避免因申请主体的不同而产生差异。此外,应加强对知识产权申请材料的审核和管理,确保申请材料的完整性和准确性。在提高农业科技人员的知识产权申请积极性和成功率方面,可以采取多种措施。首先,加强知识产权的宣传和培训工作,增强科技人员的知识产权意识和保护意识。其次,建立激励机制,鼓励科技人员积极申请知识产权,如给予适当的奖励和优惠政策。此外,加强与相关部门的合作和沟通,共同推动农业知识产权的发展。

四、建立知识产权纠纷解决机制

在当今的知识经济时代,知识产权的重要性日益凸显。农业科技人员作为推动农业现代化、提高农业生产效率的重要力量,他们在科技创新、技术研发等方面付出了大量的心血和努力。然而,在现实生活中,知识产权纠纷问题却时常困扰着他们,给他们的合法权益造成了威胁。因此,为了保障农业科技人员的合法权益,应建立知识产权纠纷解决机制,为农业科技人员提供快速、便捷的知识产权纠纷解决服务。首先,建立健全的知识产权纠纷解决机制,需要完善相关法律法规。政府应加强知识产权法律法规的制定和完善,明确知识产权纠纷的解决途径和程序,为农业科技人员提供明确的法律保障。同时,应加强对知识产权侵权行为的打击力度,维护知识产权的合法性和权威性。其次,建立知识产权纠纷调解机构或仲裁机构。这些机构可以由政府或行业协会牵头成立,负责调解和仲裁知识产权纠纷案件。机构应具备专业性和公正性,确保调解和仲裁结果的公正、公平和透明。同时,机构还应提供在线服务平台,方便农业科技人员在线咨询、投诉和调解,提高纠纷解决的效率。此外,加强知识产权宣传教育也是解决知识产权纠纷的重要措施。政府和行业协会应通过各种渠道和方式,加强对农业科技人员的知识产权宣传教育,增强他们的知识产权保护意识和维权能力。同时,还应加强对公众的知识产权宣传教育,增强全社会的知识产权保护意识,营造良好的知识产权环境。

五、加强国际合作与交流

随着全球化的不断推进,国际农业科技界正在以前所未有的速度发展壮大。在这个背景下,我国农业的发展也面临着新的机遇和挑战。为了更好地应对这些挑战,我们应当加强与国际农业科技界的合作与交流,引进国际先进的农业科技成果和经验,推动我国农业知识产权保护战略的实施。首先,我们需要认识到,国际先进的农业科技成果和经验是推动我国农业发展的重要资源。这些成果和经验不仅包括种植、养殖、加工等各个方面的技术,还包括农业管理、市场营销、环境保护等方面的理念和方法。通过引进这些成果和经验,我们可以迅速提高我国农业的科技水平和管理水平,从而更好地满足人民群众对农产品质量和数量的需求。其次,加强与国际农业科技界的合作与交流,也是推动我国农业知识产权保护战略实施的重要途径。知识产权保护是现代科技创新体系的重要组成部分,也是推动科技创新的重要保障。通过加强与国际农业科技界的合作与交流,我们可以借鉴国际上先进的农业知识产权保护经验和方法,进一步完善我国的农业知识产权保护制度,提高我国农业知识产权的保护水平。最后,加强与国际农业科技界的合作与交流,还可以促进我国农业的可持续发展。在全球化背景下,我们需要更加注重环境保护和资源利用效率,推动农业的可持续发展。通过引进国际先进的农业科技成果和经验,我们可以更好地实现这一目标,同时也可以为我国农业的长远发展奠定更加坚实的基础。

第八章 农业科技进步的作用

第一节 科技进步与经济增长

一、农业科技进步的内涵与表现

(一)农业科技进步的内涵

1. 农业科技意识的进步

农业科技意识是推动农业科技进步的重要因素,它不仅是科技进步的动力和源泉,更是推进和依靠科技进步的关键所在。随着农业科学技术的不断发展,农业科技意识也在逐渐增强,它已经成为一种社会意识。这种社会意识的实质就是全社会对农业科技重要性的认识和重视程度。农业科技意识的提高,意味着人们对农业科技的认识和重视程度在不断提高,这不仅有利于农业科技的推广和应用,更有利于农业现代化的实现。同时,农业科技意识的提高也意味着人们对农业科技的依赖程度在不断增强,这不仅有利于农业科技的发展,更有利于整个社会的进步和发展。然而,要增强农业科技意识,需要全社会共同努力。政府、科研机构、教育机构、企业等各方面都应该加强宣传和教育,提高人们对农业科技的认识和重视程度。同时,农民也应该加强对农业科技的学习和应用,提高自身的科技素质和技能水平,以适应现代农业发展的需要。农业科技意识是推进农业科技进步的关键因素之一,它需要全社会共同努力,才能不断提高和增强。只有全社会对农业科技的认识和重视程度不断提高,才能更好地推动农业科技进步,实现农业现代化,促进整个社会的进步和发展。

2. 农业科技能力的进步

农业科技能力的进步是农业科技进步的重要体现。随着科技的不断发展,农业科技也在不断创新和进步,这为农业的发展提供了强大的动力。农业科技创新能力的提升是农业科技进步的核心,它包括新品种的培育、新型肥料和农药的使用、农业机械化的推广等方面。这些创新不仅提高了农作物的产量和质量,也大大提高了农业生产效率,降低了农业生产成本。除了农业科技创新能力的提升,农业科技成果的转化和应用能力的增强也是农业科技进步的重要方面。科技成果的转化和应用是将科研成果转化为实际生产力的过程,它需要科研人员、企业、政府和社会各界的共同努力。在这个过程中,需要加强科技成果的推广和应用,提高农民的科技素质和技能水平,促进科技成果的普及和推广。农业科技能力的进步是农业科技进步的重要体现,它不仅提高了农作物的产量和质量,也大大提高了农业生产效率,降低了农业生产成本。未来,我们需要进一步加强农业科技创新和成果转化,推动农业现代化和可持续发展。

3. 农业科技人才的进步

农业科技人才是农业科技进步的关键因素。他们是农业科技进步的智力支持,对于推动农业发展、提高农业生产效率、改善农村生活条件等方面发挥着至关重要的作用。为了培养和引进高层次、复合型农业科技人才,我们需要加强农业科技人才队伍建设。这需要我们注重人才的选拔和培养,提供更多的培训机会和资源,使他们能够不断学习和进步,提高自身的专业素质和综合能力。同时,我们也需要吸引更多的优秀人才投身农业科技领域,通过提供良好的工作环境和发展机会,让他们能够充分发挥自己的才能和潜力。加强农业科技人才队伍建设,我们不仅要注重人才的选拔和培养,还要注重人才的流动和交流。通过建立人才交流平台和机制,鼓励和支持农业科技人才之间的合作和交流,促进他们之间的知识共享和创新,推动农业科技的进步和发展。

4. 农业科技投入的进步

农业科技投入是农业科技进步的物质基础,这一点已经得到了广泛的认同。随着科技的不断发展,农业科技的重要性日益凸显,它不仅有助于提高农业生产效率,降低生产成本,还能为农民带来更多的收益。因此,增加对农业科技的投入,是推动农业科技进步的关键所在。然而,仅仅依靠政府的投入是远远不够的,企业和社会也应当积极投入到农业科技研发和推广之中。投入的方式可以多种多样,包括资金、物资、技术、人力等。企业投入可以带来更多的创新和竞争,而社会投入则可以形成广泛的社会共识和参与,共同推动农业科技进步。增加对农业科技的投入,不仅有利于推动农业科技进步,还能为农业现代化和可持续发展打下坚实的基础。农业科技的发展将带动农业生产方式的转变,提高农业生产的集约化程度,减少对环境的破坏,实现农业的可持续发展。同时,这也将为农民带来更多的收益和更好的生活条件,促进农村经济的发展和社会的和谐稳定。为了实现这一目标,我们需要制定一系列的政策措施,引导和鼓励更多的企业和个人参与到农业科技的投入中来。这包括加大对农业科技研发的投入力度,鼓励企业进行技术创新和产品升级,提高农业科技的市场竞争力。同时,也需要加强对农业科技推广的投入,提高农业科技的应用水平,让更多的农民受益。

5. 农业科技效益的进步

农业科技效益是衡量农业科技进步的重要标准,这一点已经得到了广泛的认同。随着科技的不断发展,农业科技的应用越来越广泛,它不仅提高了农业生产效率,改善了农产品品质,还降低了生产成本,为农业经济的发展带来了巨大的推动力。首先,农业科技的应用提高了农业生产效率。通过引进先进的农业机械设备和技术,可以大大提高农作物的种植和收获效率,减少人力和物力的投入,从而降低生产成本。同时,这些机械设备和技术还可以提高农作物的抗病、抗灾能力,减少自然灾害对农业生产的影响。其次,农业科技的应用改善了农产品的品质。通过采用先进的育种技术、生物技术和营养技术等,可以培育出更加优质、高产、抗逆性强的农作物品种,提高农产品的质量和营养价值。此外,一些先进的保鲜、储存和加工技术也可以延长农产品的保质期,提高其附加值和市场竞争力。再次,农业科技的应用还降低了生产成本,提高了农业经济效益和社会效益。通过采用先进的农业科技,不仅可以提高农作物的产量和质量,还可以提高农民的收入水平,促进农村经济的发展。最后,农业科技的应用还可以改善农村生态环境,提高农民的生活质量,推动农业可持续发展。

(二)农业科学进步的表现

1. 品种改良

选择性育种和遗传改良是农业科技进步的重要手段,通过这些方法培育出的新品种具备更好的产量、抗性和品质特性,能够显著提高农作物的生产效益和质量。选择性育种是指根据人类的需求和期望的性状,选择具有优良遗传特性的个体进行繁殖,并经过多代的选择和培育,获得具有稳定优良性状的品种。在这个过程中,科学家们会深入研究不同品种之间的遗传差异,利用这些差异进行选择性繁殖,以期获得具有特定优良性状的品种。遗传改良是另一种重要的育种手段。通过现代分子生物学技术,科学家们可以更加精确地了解和控制生物的遗传过程。例如,基因工程技术可以用于导入新的基因、删除或修改现有的基因,从而改变生物体的性状。这种方法的应用,可以使农作物具备抗病虫害、耐寒、耐旱等优良性状,提高农作物的适应性和产量。选择性育种和遗传改良的应用,使得农业生产的效益和质量得到了显著提升。新品种的培育不仅可以提高农作物的产量,还可以改善农作物的品质,使其更符合人类的需求。同时,这些新品种通常具备更好的抗性,能够更好地适应各种环境条件,减少对农药和化肥的依赖,降低生产成本和环境污染。

2. 种植方式改进

农业科技进步推动了农作物种植方式的改进,其中精准农业技术的应用是一个典型的例子。精准农业技术利用全球卫星定位系统、遥感技术和地理信息系统等现代化手段,实现了对农田的精准管理和监测。全球卫星定位系统可以精确定位农田的位置和范围,为农田管理提供准确的地理信息。这有助于农田边界的清晰和准确,防止因边界不清而引发的争议或浪费资源。遥感技术能够实时监测土壤和作物的生长情况。通过遥感数据,农民可以了解土壤的湿度、养分含量、病虫害情况等信息,从而精确判断农作物的生长需求。这种技术可以帮助农民在恰当的时间进行施肥、灌溉和植保等措施,避免了过度施肥和灌溉造成的浪费,同时也提高了农作物的产量和质量。此外,地理信息系统可以整合农田的多种信息,包括土壤类型、地形地貌、作物分布等,为农民提供全面的农田信息。这有助于农民更好地了解农田的特点和限制,制订更加科学合理的种植计划。精准农业技术的应用不仅提高了农作物的产量和质量,还降低了生产成本和环境污染。通过精准施肥和灌溉,农民可以减少化肥和水的使用量,降低生产成本的同时也保护了环境。此外,精准农业技术还有助于提高农作物的抗逆性,减少因环境变化对农作物生长的影响,提高了农作物的稳定性。

3. 农业机械化与自动化

农业机械化是农业科技进步的显著标志之一,它极大地提高了农业生产效率,减轻了农民的劳动强度。随着科技的不断进步,自动化技术也在农业领域得到广泛应用,进一步提升了农业生产的精准性和效率。农业机械化的发展,使得拖拉机、收割机、灌溉设备等农业机械在农业生产中发挥着越来越重要的作用。这些机械设备的广泛应用,大大提高了耕种、播种、施肥、除草、收割等各个环节的作业效率,缩短了农作物的生长周期,从而提高了农业生产的经济效益。同时,农业机械化也极大地减轻了农民的劳动强度。在过去,农民需要耗费大量的时间和人力进行农田的耕种和收割,而现在,通过农业机械,农民可以在短时间内完成大量的农田作业,减轻了他们的劳动负担。这不仅提高了农民的生产效率,也改善了他们的生活条件,使他们有更多的时间和精力去关注农作物的生长和管理。随着自动化技术的不断发展,智能农机、无人机等新兴技术也在农业领域得到广泛应用。智能农机可以根据农田的具体情况自动调整作业参数,实现精准播种、施肥和灌溉等作业。无人机则可以快速、准确地监测农田的生长情况,为农民提供实时的农田信息,帮助他们更好地管理农田。这些自动化技术的应用,进一步提升了农业生产的精准性和效率。

4. 农业生物技术

转基因技术和基因编辑等生物技术在农业领域的应用,是农业科技进步的又一重要体现。这些技术通过改变农作物的遗传物质,使其具备更强的抗逆性、抗病虫害能力和产量潜力,为解决全球粮食安全问题提供了有力的科技支撑。转基因技术是通过将外源基因导入农作物中,使其获得新的性状或改良性状。这种技术可以使农作物具备抗虫、抗病、抗旱、耐盐等优良性状,提高其抗逆性和产量。例如,通过转基因技术培育出的抗虫玉米、抗病水稻等品种,在减少农药使用量的同时,显著提高了农作物的产量和质量。基因编辑技术是一种新兴的生物技术,它可以直接对生物体的基因进行编辑和修饰,改变其遗传性状。这种技术可以更加精准地改变农作物的遗传物质,提高农作物的抗逆性和产量。例如,利用基因编辑技术培育出的耐旱小麦、耐盐水稻等品种,在极端环境条件下仍能保持较高的产量和品质。这些生物技术的应用对于解决全球粮食安全问题具有重要意义。随着全球人口的不断增长和耕地面积的减少,粮食安全问题日益突出,而转基因技术和基因编辑等生物技术的应用,可以提高农作物的产量和质量,减少化肥和农药的使用量,降低生产成本和环境污染,为解决全球粮食安全问题提供了有效的科技手段。

5. 信息化与智能化

物联网、大数据、人工智能等信息技术在农业中的应用,是农业科技进步的又一重要体现。这些技术的应用实现了对农业生产全过程的智能化管理和监测,提高了农业生产的效率和可持续性。物联网技术通过各种传感器和设备,实时监测农田的环境参数,如温度、湿度、光照、土壤养分等,并将这些数据传输到云端进行分析和处理。农民可以通过手机、电脑等终端设备,随时查看农田的情况,了解农作物的生长状况和环境变化,从而做出相应的决策和调整。这种技术的应用,使得农业生产更加智能化和精细化,提高了生产效率和质量。大数据技术则可以对海量的农业数据进行挖掘和分析,为农业科技进步提供有价值的信息和预测。通过对历史数据和实时数据的处理,可以了解农作物的生长规律、病虫害发生趋势、市场行情等信息,帮助农民制订更加科学合理的种植计划和市场策略。这种技术的应用,使得农业生产更加科学化和精准化,提高了经济效益和资源利用效率。

二、科技进步对经济增长的影响

(一)提高生产效率

科技进步是现代社会发展的重要驱动力,它不仅可以带来更高效的生产方式和更先进的生产设备,而且还可以显著提高生产效率,降低生产成本,并最终提高企业的利润。首先,科技进步可以推动生产方式的变革。传统的生产方式往往依赖于人力和手工操作,生产效率相对较低,生产成本较高。而随着科技的进步,自动化、智能化和数字化的生产方式逐渐普及,这些新型的生产方式不仅可以大幅减少人力投入,降低生产成本,而且还可以提高生产效率,减少生产过程中的误差和缺陷,从而提高产品质量和竞争力。其次,科技进步可以带来更先进的生产设备。传统的生产设备往往存在一些限制和不足,如效率低下、能耗高、维护成本高等问题。而随着科技的进步,新型的生产设备不断涌现,这些设备具有更高的效率、更低的能耗、更小的维护成本等优势,不仅可以提高生产效率,而且还可以降低生产成本,提高企业的竞争力。此外,科技进步还可以为企业提供更多的创新机会。通过不断研究和开发新技术、新产品和新服务,企业可以不断拓展市场和业务领域,提高企业的市场占有率和盈利能力。同时,科技进步还可以为企业提供更多的数据支持和分析,帮助企业更好地了解市场需求和消费者行为,从而制订更加精准的市场策略和产品开发计划。

(二)创造新产业

科技进步是推动社会发展的重要动力,它能够带来新的技术和新的产品,从而创造新的产业,进一步促进经济增长。随着科技的不断发展,越来越多的新技术和新产品不断涌现,这些新的技术和产品不仅改变了人们的生活方式,也推动了相关产业的发展。科技进步不仅可以带来新的产品,还可以带来新的服务。例如,人工智能、大数据、云计算等技术的应用,使得企业可以更好地了解客户需求,提供更加个性化的服务,从而提高了客户满意度和忠诚度。此外,随着互联网、物联网、智能家居等技术的发展,人们的生活也变得更加便捷和智能化。这些新的技术和产品不仅推动了相关产业的发展,也带动了整个社会经济的发展。科技进步还可以促进产业升级和转型。传统产业需要不断更新技术和设备,以适应市场需求的变化和技术的进步。通过引进新技术和新产品,传统产业可以实现转型升级,提高生产效率和产品质量,从而获得更多的市场份额和经济效益。同时,新兴产业的发展也需要科技的支撑,例如新能源、新材料、生物医药等产业的发展都需要科技的推动。

(三)促进国际贸易

科技进步可以使生产更加国际化,促进国际贸易,推动国家的出口和进口协调发展。随着科技的不断发展,越来越多的企业开始将生产过程转移到海外,以便更好地利用全球资源,提高生产效率和产品质量。这种生产国际化的趋势不仅有助于企业降低成本,提高利润,而且还可以促进国际贸易的发展。通过跨国公司的建立和跨国供应链的形成,国际贸易变得更加频繁和多样化。这些跨国公司不仅在生产上实现了国际化,而且在销售和营销上也采用了国际化的策略,以便更好地满足不同国家和地区的需求。这种趋势不仅有助于增加国家的出口,而且还可以促进国内市场的扩大和升级。此外,科技进步还可以提高物流效率,缩短交货时间,降低运输成本。这不仅可以提高企业的竞争力,而且还可以为消费者提供更好的购物体验。随着电子商务的兴起,科技进步在国际贸易中的作用越来越重要。通过互联网和移动支付等新兴技术的发展,国际贸易变得更加便捷和高效。

(四)提高人民生活水平

科技进步是现代社会发展的重要驱动力,它不仅改变了人们的生活方式,也提高了人们的生活水平。在医疗领域,科技进步带来了许多创新性的治疗方法和技术,使得许多曾经被认为是无法治愈的疾病现在有了新的希望。例如,基因编辑技术、人工智能和大数据分析等技术的应用,使得医生能够更准确地诊断疾病,制订更有效的治疗方案,从而提高患者的生存率和生活质量。在教育领域,科技进步也带来了许多变革。在线教育平台的出现,使得人们可以在任何时间、任何地点接受教育,打破了传统教育的时间和空间限制。同时,人工智能和大数据分析也被广泛应用于教育领域,帮助教师更好地了解学生的学习情况,制订更加个性化的教学计划,从而提高教育质量。在交通和通信领域,科技进步也带来了许多便利。智能交通系统、无人驾驶技术和物联网技术的应用,使得交通更加安全、高效和环保。同时,5G、6G 等新一代通信技术的出现,也使得人们之间的通信更加快速和便捷。这些技术不仅提高了人们的生活质量,也为经济发展和社会进步提供了更多的机会。

（五）促进创新和创业

科技进步在当今社会中扮演着至关重要的角色,它不仅可以激发人们的创新和创业精神,而且能够促进新产品的开发和新企业的成立,从而推动经济发展。首先,科技进步为人们提供了更多的机会和可能性。随着科技的不断发展,人们可以探索新的领域,尝试新的方法,从而开发出前所未有的新产品或服务。这种创新精神不仅可以帮助人们解决现有问题,而且还可以为未来发展提供新的思路和解决方案。其次,科技进步为创业者提供了更多的机会和资源。在当今竞争激烈的市场环境中,新企业要想取得成功,就必须不断创新和改进。科技进步为创业者提供了更多的工具和资源,使他们能够更好地了解市场需求,开发出更具有竞争力的产品或服务。再次,科技进步还为创业者提供了更多的融资渠道和合作伙伴,从而帮助他们更好地扩展业务和扩大市场份额。然后,科技进步对经济发展起到了积极的推动作用。新产品的开发和新企业的成立不仅创造了就业机会,而且还可以带动相关产业的发展,从而促进经济增长。最后,科技进步还可以提高生产效率和质量,降低成本,从而为企业带来更多的利润和收益。

第二节　农业科技进步与农业经济发展的关系

一、农业经济发展现状与挑战

(一)资源短缺

农业经济发展面临的资源短缺问题,尤其是土地、水和肥料等资源的短缺,是当前农业领域亟待解决的重要问题之一。这些资源的有限性和不断增长的需求之间的矛盾,对农业产业的可持续发展构成了严重制约。首先,土地资源的短缺是农业经济发展中的一个突出问题。随着城市化、工业化和人口增长,土地资源日益紧张,可用于农业生产的土地面积不断减少。同时,土地资源的过度开发和不合理利用也加剧了土地资源的紧张状况,导致土地质量下降,土壤肥力降低,严重影响了农业生产的稳定性和可持续性。其次,水资源的短缺也是农业经济发展中不可忽视的问题。农业是水资源消耗的主要领域之一,而随着人口的增长和经济的发展,水资源的需求量不断增加,导致水资源短缺问题日益严重。尤其是在一些干旱和半干旱地区,水资源短缺已成为制约农业经济发展的重要因素。

此外,肥料资源的短缺也对农业经济发展产生了影响。肥料是农业生产中不可或缺的投入品,而随着农业生产的发展,对肥料的需求量不断增加。然而,肥料资源的生产成本较高,资源有限,导致肥料价格上涨,增加了农业生产成本,降低了农业生产效益。

(二)环境污染

农业产业的发展与生态环境之间存在着密切的关系。农业产业的发展可能导致土壤、水源和空气污染,对生态环境产生负面影响。首先,农业产业的发展可能导致土壤污染。为了提高农产品的产量和质量,农业生产中常常使用大量的化肥和农药。这些化学物质在土壤中残留,经过长时间积累,会导致土壤污染和生态失衡。过量的化肥和农药不仅会影响土壤的微生物群落和土壤结构,还会对地下水和地表水造成污染,对整个生态环境产生不良影响。其次,农业产业的发展也可能导致水源污染。农业用水量大,特别是在灌溉过程中,如果使用不当或处理不当,会导致水源污染。例如,农药和化肥残留物、畜禽养殖废弃物等都可能进入水源,对水质造成严重污染。水源的污染不仅会影响农业灌溉,还会对人类健康和生态系统造成严重影响。

此外,农业产业的发展还可能导致空气污染。农业活动如秸秆焚烧、畜禽养殖等都可能产生大量的有害气体和颗粒物,对空气质量造成影响。空气污染不仅会影响农业生产和生态环境,还会对人类健康产生负面影响。

(三)人口老龄化

农村人口老龄化和年轻人才流失是当前农业产业发展面临的重要问题之一。随着城市化进程的加速和经济发展,大量年轻劳动力转移到城市,导致农村人口老龄化加剧,农村劳动力短缺。这不仅影响了农村地区的经济社会发展,也给农业产业的发展带来了困难。农村人口老龄化对农业产业的发展产生了多方面的影响。一方面,老龄化导致农村劳动力供给不足,农业生产效率下降。由于老年人身体状况和体力不如年轻人,他们的劳动能力和生产效率相对较低,难以承担繁重的农业劳动。这可能导致农业生产萎缩,农产品供应减少,影响农业产业的稳定发展。另一方面,农村人口老龄化也制约了农业产业的转型升级。农业产业的现代化需要年轻人的参与和创新,而老龄化则限制了农业科技推广和应用,阻碍了农业产业向高技术、高附加值方向发展。这不利于农业产业的可持续发展和竞争力的提升。

年轻人才流失也是农业产业发展面临的问题之一。随着教育水平的提高和就业机会的增多,许多年轻人选择离开农村到城市发展,导致农村人才匮乏。年轻人才的流失不仅影响了农村地区的人才储备和智力支持,也制约了农业产业的创新和发展。

(四)市场竞争

农业产业市场竞争激烈是当前面临的一个重要挑战。特别是在国际市场上,我国农产品面临着来自发达国家的技术壁垒和贸易保护主义的挑战,出口压力大。这主要是由于以下几个原因:

(1)生产成本高。农业生产需要投入大量的劳动力和资源,包括土地、水、肥料、农药等。随着劳动力成本上升和资源短缺的加剧,农业生产成本不断上升,导致产品价格竞争力下降。

（2）技术壁垒。发达国家在农业领域拥有先进的技术和设备，对我国农产品的质量和技术要求较高。我国农产品要进入国际市场，必须符合发达国家的标准和认证要求，否则难以获得认可和销售。

（3）贸易保护主义。一些发达国家为了保护本国农业产业的利益，采取了贸易保护主义措施，限制进口我国农产品。这种做法不仅影响了我国农产品的出口，也增加了我国农业产业的压力和挑战。

（五）技术落后

农业生产技术的落后确实是限制农业产业发展的重要因素之一。尽管我国农业科技取得了一些进展，但整体上仍然存在技术落后、创新不足的问题，这使得农业生产难以适应市场需求的变化。首先，技术落后使得农业生产效率低下，生产成本高昂。传统的农业生产方式往往依赖大量的劳动力和资源投入，缺乏科技含量和生产效率。这不仅增加了生产成本，也制约了农业产业的可持续发展。其次，技术落后也影响了农产品的质量和安全性。在农业生产过程中，缺乏科学的管理和质量控制，导致农产品质量不稳定，安全隐患较多。这不仅影响了消费者的健康，也损害了我国农产品的国际形象和竞争力。

此外，技术落后还限制了农业产业的转型升级。农业产业的现代化需要依靠科技创新和技术进步，而技术落后则制约了农业产业的转型升级和提质增效。这不利于农业产业的可持续发展和竞争力的提升。

二、农业科技进步与农业经济发展的关系

经济增长与农业之间存在着密切的关系。农业作为国民经济的基础产业，对于经济增长具有重要的推动作用，而经济增长也为农业提供了更多的支持和机遇。

首先，农业是经济增长的重要推动力。农业为人类提供基本的食物和纤维，满足了人们的基本需求。同时，农业也为其他产业提供了原材料和就业机会，促进了工业和服务业的发展。随着农业的增长，整个国民经济的增长速度也会加快，国家的经济实力和综合国力也会得到提升。其次，经济增长为农业提供了更多的支持和机遇。随着经济的发展，社会对于农业的重视程度逐渐提高，农业投资和科技研发的力度不断加大。这为农业的发展提供了更多的资金和技术支持，提高了农业生产效率和农产品品质。同时，随着经济的发

展,市场的需求不断扩大,也为农业提供了更广阔的销售市场和机会。此外,政府也会出台一系列政策来支持农业的发展,为农业提供更多的政策优惠和保障。

然而,经济增长与农业之间也存在一定的相互制约关系。如果农业发展不足,就会影响整个国民经济的增长速度和稳定性。同时,如果经济增长过快,也会对农业产生负面影响,如土地和水资源的过度开发和污染、生态环境的破坏等。因此,需要采取有效的措施来协调好农业与经济增长之间的关系,实现农业和经济的可持续发展。这需要政府、企业和个人共同努力,加强环境保护和资源利用的监管和管理,推动农业现代化和科技创新,提高农业生产效率和农产品质量,实现农业和经济的协调发展。

三、农业科技进步对农业经济发展的推动作用

(一)提高农业生产的效率

首先,农业科技有助于提高农作物的产量和质量。随着农业科技的不断进步,许多新的技术和品种被引入农业生产中。通过选育高产、抗病虫害的新品种,优化种植技术,可以实现农作物的合理施肥、灌溉和病虫害防治,大大降低农作物的损失,提升产量。这种产量的提升不仅可以满足人们对农产品的需求,还可以增加农民的收入,提高农业经济效益。其次,农业科技有助于降低生产成本。随着农业科技的发展,许多新的技术和设备被应用于农业生产中。例如,智能农业、精准农业等技术的应用,提高了农业生产系统的自动化水平和数据分析的准确及时性,减少了人力和物力的浪费。此外,新型农业机械的应用也提高了农业生产效率,降低了生产成本。再次,农业科技还有助于提升农产品质量和食品安全。随着消费者对食品质量和安全性的关注度不断提高,农产品质量和食品安全已经成为农业发展的重要因素之一。农业科技可以帮助农民提高农产品的品质和耐病性,从而提高食品的质量和安全性。然后,农业科技还有助于实现农产品的质量检测和食品安全管理,保障消费者的健康权益。最后,农业科技还有助于促进农村经济发展。农业科技可以带来更高的经济效益,从而促进农村地区的经济发展。通过增加农产品的附加值,可以创造更多的就业机会,提高农村居民的收入和生活水平。同时,农业科技创新还可以推动农业与其他产业的融合发展,例如农业旅游、农业电商

等,为农村经济提供新的增长点。

(二)降低生产成本

农业科技在降低农业生产成本方面具有重要作用。通过改进农业技术和提高生产效率,农业科技可以帮助农民更有效地利用资源,减少浪费,降低生产成本。首先,农业科技的发展推动了更有效的肥料和农药的研发和应用。新型肥料和农药不仅可以提高农作物的产量和质量,还可以减少使用量和成本。通过合理地施肥和用药,农民可以减少投入成本,同时获得更好的收益。其次,智能农业和精准农业等技术的应用也降低了农业生产成本。这些技术通过精准控制和管理农业生产过程,提高了农业生产系统的自动化水平和数据分析的准确及时性。这不仅可以减少人力和物力的浪费,提高生产效率,还可以降低生产成本,增加经济效益。此外,农业科技还推动了农业机械的现代化和智能化。新型农业机械的应用提高了农业生产效率,减少了人工成本。同时,智能化的农业机械可以进行精准播种、施肥、灌溉和收获等作业,减少了资源浪费和生产成本。

农业科技在降低农业生产成本方面发挥了重要作用。通过改进肥料和农药、应用智能农业和精准农业技术、推动农业机械现代化和智能化等方式,农业科技可以帮助农民更有效地利用资源,减少浪费,降低生产成本,提高经济效益。这有助于促进农业的可持续发展和农村经济的增长。

(三)保护环境

农业科技在帮助农民更有效地管理土壤和水资源,减少对生态环境的负面影响方面发挥了重要的作用。通过推广环保技术和优化农业生产方式,农业科技有助于实现农业的可持续发展,保护农村生态环境。首先,农业科技可以帮助农民采用更环保的肥料和农药。传统的农业生产中,化肥和农药的过量使用往往会对土壤和水资源造成污染。而农业科技的发展推动了新型环保肥料的研发和应用。这些肥料可以减少对土壤和水资源的污染,同时提供必要的营养元素,促进农作物的生长。其次,农业科技还可以帮助农民采用定向喷洒农药的技术。传统的农药喷洒方式往往会造成农药残留和环境污染。而新型的定向喷洒技术可以精确地将农药喷洒到目标害虫或病菌上,减少农药的使用量和残留量,降低对生态环境的负面影响。

此外,农业科技还有助于农民更有效地管理土壤和水资源。通过土壤监测、节水灌溉等技术,农民可以更精确地了解土壤和水分状况,合理安排灌溉和施肥计划,避免水资源的浪费和过度开发。这有助于保护农村生态环境,实现农业的可持续发展。

(四)提升农产品质量和食品安全

农业科技在提高农产品品质和耐病性方面发挥了重要作用,这有助于提高食品的质量和营养价值。首先,农业科技通过基因编辑技术等手段,可以帮助农民创造更健壮的农作物品种。这些新品种的农作物通常具有更强的抗病性和适应性,能够在极端环境下保持足够的产出。这不仅可以提高农产品的质量和产量,还可以减少农药和化肥的使用,降低对环境的负面影响。其次,农业科技的发展也推动了农产品质量检测和食品安全管理的进步。通过先进的检测技术和设备,农民和相关机构可以对农产品进行全面的质量检测,确保农产品的质量和安全性。这有助于保障消费者的健康权益,提高消费者对农产品的信任度和满意度。

此外,农业科技还有助于改善农产品的品质和营养价值。例如,通过精准农业和智能农业技术的应用,农民可以更精确地控制农作物的生长环境,优化农作物的营养成分和口感品质。这使得消费者可以获得更健康、更美味的农产品,提高生活品质。

(五)促进农村经济发展

农业科技在促进农村经济发展方面具有重要作用。通过提高农业生产效率和农产品的附加值,农业科技可以创造更多的就业机会,提高农村居民的收入和生活水平,促进农村地区的经济发展。首先,农业科技可以提高农业生产效率,增加农产品的附加值。通过应用先进的农业技术和设备,农民可以提高农作物的产量和质量,降低生产成本。同时,农业科技还可以促进农产品的加工和深加工,从而提高农产品的附加值和市场竞争力。这有助于增加农民的收入,提高农村经济效益。其次,农业科技可以创造更多的就业机会,促进农村经济发展。随着农业科技的应用,农业生产需要更多的高素质人才和技术支持。这为农村居民提供了更多的就业机会,包括农业技术员、农业经济师、农业管理员等职业。同时,农业科技的发展也带动了相关产业的发展,如农业机械制造、农业化学品生产等,进一步增加了就业机会。

此外,农业科技还可以推动农业与其他产业的融合发展。例如,农业与旅游业的结合,发展出了农家乐、田园观光等新兴业态。这些新兴业态为农村地区提供了新的经济增长点,提高了农村经济的多样性和稳定性。农业与电商的结合也推动了农产品线上销售的发展,为农民提供了更广阔的销售渠道和市场空间。

农业科技在促进农村经济发展方面具有重要的作用。通过提高农业生产效率、增加农产品附加值、创造更多就业机会、推动农业与其他产业融合发展等方式,农业科技有助于促进农村地区的经济发展和提升农民的生活水平。因此,应该加强农业科技创新和推广应用,为农业和农村经济的发展提供强有力的科技支撑。

四、农业科技进步对经济增长的影响

(一)提高生产效率

农业科技进步对经济增长的影响是深远而广泛的。其中,提高生产效率、降低生产成本、增加农产品产量等方面,是农业科技进步对经济增长最直接和显著的影响。首先,农业科技进步提高了生产效率。通过应用先进的农业技术和设备,农业生产过程中的各个环节得以高效地进行。例如,农业机械化使得耕种、播种、施肥、收割等环节的作业效率大大提高,从而缩短了农作物的生长周期,提高了单位时间内的产量。这不仅减轻了农民的劳动强度,还为农业生产带来了更高的经济效益。其次,农业科技进步降低了生产成本。随着科技的进步,农业生产中所需的种子、化肥、农药等物资的利用率越来越高,浪费和损耗逐渐减少。同时,通过精准农业技术的应用,农田的水源、养分等资源得到了更加合理的利用,进一步降低了生产成本。这为农业生产带来了更大的经济效益,也使得农产品在市场上的竞争力得到提升。最后,农业科技进步增加了农产品产量。通过提高生产效率和降低生产成本,农民有更多的资源和精力投入到农作物的种植和管理中,使得农作物的生长状况和产量得到显著提升。这不仅满足了人们对食品的需求,也为农民带来了更多的收入,推动了农村经济的发展。此外,农业科技进步还对农业产业结构、农村经济发展模式等产生了深远的影响。例如,随着绿色农业、有机农业等新型农业业态的兴起,农业产业结构得到了优化和升级,也为农民提供了更多的就业机会和收入来源。同时,农业科技进步也促进了农村经济的多元化发展,推动了农村一二三产业的融合发展,提高了农村经济的整体效益和竞争力。

(二)优化资源配置

农业科技进步对资源利用效率的提高具有显著的影响。通过精准农业技术等手段,农民可以更加合理地配置和利用土地、水源、养分等资源,从而提高资源的利用效率和农作物的生长效果。首先,精准农业技术的应用可以帮助农民实现精准播种、施肥和灌溉。通过实时监测农田的环境参数和农作物生长状况,农民可以精确判断农作物的需求,并据此调整播种、施肥和灌溉等作业的参数。这避免了过度施肥和灌溉造成的水源和养分浪费,使资源得到更加合理的配置和利用。其次,农业科技进步还推动了土地资源的可持续利用。传统的农业生产方式往往会导致土地资源的过度开发和利用,造成土地退化和生态环境的破坏。而农业科技进步使得农民可以更加科学地管理和利用土地资源,通过合理配置水土资源、改进土壤耕作方式、推广生态农业等手段,实现土地资源的可持续利用。

此外,农业科技进步还提高了水源的利用效率。通过精准灌溉和节水农业技术的应用,农民可以在保证农作物正常生长的前提下,减少灌溉用水量,提高水源的利用效率。这不仅节约了水资源,还有助于减缓水资源短缺的问题。

(三)促进产业结构调整

农业科技进步对农业产业结构的调整和升级具有积极的推动作用。随着消费者对农产品品质和安全性的需求日益提高,农业科技进步为新型农业业态的发展提供了技术支持,促进了农业产业的转型升级。首先,农业科技进步推动了绿色农业的发展。绿色农业注重环境保护和可持续发展,通过采用生态友好的种植方式和管理技术,减少化肥和农药的使用,提高农产品的品质和安全性。农业科技进步为绿色农业提供了高效、环保的种植技术和监测手段,使得绿色农产品在市场上更具竞争力,从而促进了绿色农业的发展。其次,农业科技进步也促进了有机农业的兴起。有机农业采用天然的、无化学残留的种植方式,不使用化肥和农药,确保农产品的健康和安全。随着消费者对有机农产品的需求增加,有机农业逐渐成为一种新兴的农业业态。而农业科技进步为有机农业提供了有效的生产技术和质量监测手段,帮助农民实现有机种植和管理,进一步推动了有机农业的发展。

此外,农业科技进步还促进了农业与其他产业的融合发展。例如,休闲农业、乡村旅游等新型业态将农业与旅游业、文化产业等结合在一起,拓展了农业的功能和价值。农业科技进步为这些融合业态提供了技术支持和创新动力,推动了农业产业的多元化发展。

农业科技进步对农业产业结构的调整和升级具有重要作用。通过促进绿色农业、有机农业等新型农业业态的发展,以及推动农业与其他产业的融合发展,农业科技进步为农业产业的转型升级提供了强大的技术支持和创新动力。这有助于提高农业的整体效益和竞争力,推动农业经济的持续健康发展。

(四)拓展农业功能

农业科技进步对农业功能的拓展和农业与其他产业的融合发展具有积极的推动作用。随着农业技术的不断创新和应用,农业不再是传统的种植和养殖业,而是逐渐与其他产业相互融合,形成了一系列新型业态。首先,农业科技进步促进了休闲农业的发展。休闲农业是一种将农业与休闲、旅游、文化等产业结合在一起的业态。通过引入先进的农业技术和设备,休闲农业提高了农产品的品质和安全性,同时也为游客提供了更加丰富和高质量的休闲体验。其次,农业科技进步也推动了乡村旅游的发展。乡村旅游是一种将农业与旅游业结合在一起的业态。通过利用先进的农业技术和设备,乡村旅游提高了农产品的吸引力和竞争力,同时也为游客提供了更加舒适和便捷的旅游体验。这不仅增加了农民的收入,还带动了农村经济的发展,促进了城乡交流和互动。

此外,农业科技进步还促进了农业与文化产业的融合发展。通过将农业与文化产业结合在一起,可以进一步挖掘和传承农业文化,提高农产品的文化内涵和品牌价值。例如,一些地区将农业与手工艺、民间艺术等文化产业结合在一起,开发出具有地方特色的文化产品和品牌,提高了农产品的市场影响力和竞争力。

(五)提升国际竞争力

农业科技进步对提升我国农产品国际竞争力具有重要意义。通过引进和培育优质品种、提高加工技术等手段,可以提升我国农产品的品质和附加值,增强其国际竞争力,促进农产品出口。首先,农业科技进步可以帮助我国引进和培育优质品种。通过引进国外先进的品种资源,结合我国的种植条件和市场需求,培育出适合我国种植的优质品种。这些优质品种可以提高农产品的产量和品质,增强其市场竞争力。同时,通过培育具有自主知识产权的品种,也可以保护我国的农业知识产权,避免受到国外品种的制约。其次,农业科技进步可以提高我国农产品的加工技术。农产品加工是提高其附加值和竞争力的重要手段。通过引入先进的加工技术和设备,可以改进农产品的加工工艺和流程,提高其加工品质和效率。这不仅可以延长农产品的保质期,提高其品质和口感,还可以开发出更多具有营养价值和健康功能的农产品,满足消费者多样化的需求。

此外,农业科技进步还可以促进我国农产品标准化和品牌化建设。通过制定和实施农产品的质量标准,可以保证农产品的品质和安全性,提高消费者对国产农产品的信任度。同时,通过打造具有地方特色和品牌价值的农产品品牌,可以提升农产品的知名度和美誉度,增强其市场竞争力。

五、农业科技进步与农业经济发展的未来趋势

(一)精准农业的深化

随着科技的飞速发展,尤其是传感器技术、大数据和人工智能的进步,精准农业正在逐步深入到农业生产中。这是一个令人兴奋的转变,它不仅将改变农业生产的面貌,而且有可能为我们的食品供应带来革命性的变化。首先,让我们来看看这些先进的技术。传感器技术已经广泛应用于土壤、气候等环境条件的监测。通过这些传感器,农民可以实时获取土壤的湿度、养分含量、气候变化等信息,这为他们提供了前所未有的洞察力。大数据技术则可以将这些数据进行分析和处理,帮助农民理解这些数据背后的规律和趋势。而人工智能则可以进一步利用这些数据,通过机器学习算法,预测未来的环境条件,为农民提供最佳的种植和施肥建议。这些技术的应用,将使农业生产变得更加精准和高效。农民可以更准确地了解土壤和气候条件,从而更有效地进行种植和施肥。这不仅可以提高农作物的产量,而且可以提高农作物的质量,使其更适应市场需求。此外,这些技术还可以帮助农民减少化肥和农药的使

用,从而降低生产成本,提高经济效益。然而,我们也必须意识到,这些技术的实施和应用需要一定的投入。这可能包括硬件设备的购置、数据收集和分析的专业技能,以及持续的技术更新和培训等。但是,考虑到精准农业可能带来的巨大潜力和对未来食品供应的重要影响,这些投入是值得的。

随着传感器技术、大数据和人工智能的发展,精准农业正在逐步改变农业生产的方式。它不仅将提高农作物的产量和质量,而且有可能为我们的食品供应带来革命性的变化。这是一个值得我们期待的未来。

(二)可持续农业的发展

随着人们对环境保护意识的提高,可持续农业的发展将会成为一个重要的趋势。这是由于人们越来越认识到农业活动对环境的影响,以及农业对地球生态系统的依赖。为了实现可持续农业,我们需要采取一系列措施,包括减少化肥和农药的使用,降低农业对环境的污染,以及利用可再生能源等。

首先,减少化肥和农药的使用是至关重要的。化肥和农药的使用虽然可以提高农作物的产量,但同时也对环境造成了严重的污染。长期使用化肥会导致土壤退化,而农药则会对生态系统造成破坏,导致害虫产生抗药性。因此,我们需要采用更加环保的农业方法,如有机农业和生物防治等,这些方法不仅可以减少对环境的污染,还可以提高农作物的质量。其次,我们需要降低农业对环境的污染。除了减少化肥和农药的使用外,我们还需要采取其他措施来减少农业活动对环境的负面影响。例如,我们可以采用轮作制度,减少土地的过度使用;我们可以采用高效的灌溉系统,减少水资源的浪费;我们还可以采用环保的农业机械,减少对环境的噪声和尘埃污染。最后,我们需要利用可再生能源。传统的农业活动往往依赖于化石燃料来提供能源,这不仅对环境造成污染,而且也增加了农业的成本。因此,我们需要转向可再生能源,如太阳能、风能等,这些能源不仅清洁环保,而且还可以为农业活动提供所需的能源。

(三)农业机械化和自动化的提高

随着社会的发展和科技的进步,劳动力成本的不断增加以及技术的日新月异,农业机械化和自动化正在逐步提高。

首先,农业机械化的发展使得农业生产效率得到了显著提高。通过使用各种农业机械,如拖拉机、收割机、灌溉设备等,农民们可以更高效地完成各种农事活动,如播种、施肥、除草、收割等。这不仅减少了人力投入,也大大提高了农业生产的速度和质量。其次,农业自动化的发展也为农业生产带来了巨大的变革。通过引入各种自动化设备和技术,如无人机监测、智能灌溉系统、自动化收割机器人等,农业生产已经不再完全依赖于人力。这些自动化设备和技术不仅可以实时监测农作物生长情况,还可以根据环境条件自动调整种植和管理方式,从而更好地满足农作物的生长需求。此外,农业机械化和自动化的发展还可以降低生产成本,提高经济效益。通过使用机械化和自动化设备和技术,农民们可以减少对劳动力的依赖,降低生产成本。同时,这些设备和技术也可以提高农作物的产量和质量,从而提高经济效益。

(四)农产品电商的兴起

随着互联网的普及和电商平台的兴起,农产品电商正逐渐成为一种新的趋势。在传统的农产品销售模式中,农民往往需要通过中间商或者批发市场来将产品销售给消费者,这不仅增加了销售成本,还可能因为中间环节的延误而导致农产品的新鲜度和质量受到影响。然而,随着电商平台的发展,农民们有了更多的销售渠道和更灵活的销售方式。通过电商平台,农民可以直接将产品销售给消费者,减少了中间环节,降低了销售成本,同时也提高了经济效益。消费者可以直接从农民手中购买到新鲜、优质的农产品,而农民也可以通过电商平台获得更多的销售机会和更广阔的市场。

此外,电商平台也为农民提供了更多的销售方式和营销手段。例如,农民可以通过电商平台进行在线直播销售,让消费者能够直接看到农产品的生长环境和生产过程,增加消费者的信任度。同时,电商平台还可以提供在线支付、物流配送等服务,为消费者提供更加便捷的购物体验。当然,农产品电商的发展也面临着一些挑战和问题。例如,农产品的保鲜期较短,如何在运输过程中保持其新鲜度;如何保证农产品的质量,如何建立稳定的供应链等。但是随着技术的不断进步和电商平台的不断完善,这些问题也将会逐渐得到解决。

(五)农业科技创新的加速

随着科技的不断发展,农业科技也正在迎来一个崭新的时代。我们相信,未来农业科技的发展将会进一步加速,并带来更多的创新和突破。其中,基因编辑技术、生物技术以及无人机等新兴科技的应用将会在农业领域发挥越来越重要的作用。这些技术不仅将有助于提高农作物的抗逆性、产量和质量,同时还将有助于降低生产成本,提高生产效率,从而为农业的可持续发展注入新的活力。

首先,基因编辑技术是一种革命性的生物技术,它能够精确地编辑和修改生物体的基因序列,从而改变生物体的遗传特性。在农业领域,基因编辑技术可以用于改良农作物品种,提高其抗逆性、产量和质量。通过基因编辑技术,我们可以培育出更加适应各种环境、抗病性强、产量高的农作物品种,这将极大地提高农业生产效率,降低农业生产成本。其次,生物技术在农业中的应用也正在不断拓展。例如,转基因技术、微生物发酵技术等,这些技术都可以用于改良农作物品种,提高其营养价值、口感和耐贮性等。同时,生物技术在农业中的另一个重要应用是生物农药的研发和应用。生物农药具有无污染、无残留的特点,可以有效控制病虫害的发生,减少化学农药的使用量,从而保护生态环境。最后,无人机技术的应用也将为农业带来革命性的变化。无人机具有高精度、高效率、低成本等优势,可以广泛应用于农田监测、作物生长评估、病虫害监测等方面。通过无人机技术,我们可以更准确地了解农作物的生长情况,及时发现病虫害并进行防治,从而提高农作物的产量和质量。

农业科技的发展将会进一步加速,包括基因编辑、生物技术、无人机等新兴技术的应用将为农业带来更多的创新和突破。

第九章 优化农业经济与科技发展的对策建议

第一节 研究与开发子系统的优化

一、子系统的概念

子系统是一个复杂系统中相对独立但又与整体系统紧密关联的部分。每个子系统都有特定的功能和目标,并通过与整体系统以及其他子系统之间的相互作用和协作,共同维持整体系统的运行和发展。子系统的存在是复杂系统的一个重要特征。它们可以被视为整体系统的组成部分,具有相对独立的结构和功能。子系统可以具有不同的层次和规模,它们之间的关系可以是层次性的、模块化的或网络化的。子系统之间的相互作用可以是相互依存的、竞争性的或协同性的,这些相互作用会对整体系统的行为和性能产生影响。子系统在复杂系统中的作用和意义是多方面的。首先,子系统通过实现各自的功能和目标,为整体系统提供了必要的支持和保障。其次,子系统之间的相互作用和协作可以促进整体系统的自适应性和演化能力,使系统能够适应外部环境的变化和应对不确定性。此外,子系统还可以提供对整体系统的可理解性和可管理性,使人类能够更好地理解和控制复杂系统。

在实际应用中,子系统的概念被广泛用于各种领域,如工程、生态、经济、社会等。例如,在软件工程中,一个大型软件系统可以被划分为多个子系统,每个子系统负责实现特定的功能或业务逻辑。在生态学中,一个生态系统可以被划分为不同的子系统,如水域、森林、草原等,每个子系统具有独特的生态功能和生物多样性。

子系统是复杂系统中不可或缺的一部分,它们通过相互作用和协作,共同维持整体系统的运行和发展。对于理解和控制复杂系统,充分认识和利用子系统的概念和特性是非常重要的。

二、子系统的作用

(一)功能实现

随着科技的飞速发展,子系统在整体系统中扮演着越来越重要的角色。作为整体系统的组成部分,子系统具有特定的功能和目标,它们通过执行自己的任务,为整体系统的运行提供必要的支持和保障。子系统通常是一个独立的系统或部分,具有特定的硬件、软件或流程,执行特定的任务,以满足整体系统的特定需求。它们在整体系统中发挥着关键作用,确保系统的稳定性和效率。

首先,子系统在整体系统中的作用是提供必要的支持和保障。它们通过执行自己的任务,确保整体系统的正常运行,无论是硬件子系统(如电源、冷却系统等)还是软件子系统(如操作系统、应用程序等)。这些子系统通过提供必要的资源和功能,确保整体系统的稳定性和效率。此外,子系统之间的协调和集成对于整体系统的成功至关重要。它们需要相互通信、协作和同步,以确保整个系统的顺畅运行。这需要设计者和管理者对子系统的功能和目标有深入的理解,并采取适当的策略和措施来实现子系统之间的有效集成。然而,随着系统的复杂性和规模的增长,子系统的设计和实施也面临着越来越多的挑战。例如,如何确保子系统的安全性和可靠性?如何优化子系统的性能和效率?如何管理和维护子系统,以确保其长期稳定运行?这些都是当前和未来系统设计者和管理者需要面对的重要问题。

(二)相互作用和协作

在现代系统中,子系统之间的相互作用和协作对于整体系统的稳定性和发展起着至关重要的作用。信息流动、能量传递和物质循环等过程,都离不开子系统之间的协作。

首先,子系统之间的信息流动是维持整体系统稳定性的关键。在复杂系统中,信息的传递和交换是系统各部分之间相互联系的纽带。通过子系统之间的信息交流,我们可以了解系统的状态,做出正确的决策,从而维持系统的稳定。例如,在医疗系统中,医生与护士、医生与患者之间的信息交流,可以确保医疗资源的合理分配,提高医疗服务的效率和质量。其次,子系统之间的能量传递也是维持整体系统稳定性的重要因素。能量是维持系统运转的基础，子系统之间的能量传递可以确保系统各部分之间的平衡。例如，在交通系统中，车辆与道路、交通信号灯之间的能量传递，可以确保交通的顺畅和安全。再次，子系统之间的物质循环也是维持整体系统发展的重要因素。物质是构成系统的基本元素，子系统之间的物质循环可以保证系统的更新和再生。例如，在农业系统中，植物与土壤、水、空气之间的物质循环，可以保证土壤肥力的保持和农作物的生长。

然而，这些过程并不是孤立的，而是相互关联的。信息流动、能量传递和物质循环等过程并不是简单的单向流动，而是相互影响、相互促进的。例如，在医疗系统中，医生与患者的交流不仅可以传递信息，还可以传递情感和关爱，增强患者对治疗的信心和积极性。此外，子系统与整体系统之间的相互作用和协作也是不可忽视的。整体系统的稳定性和发展不仅取决于子系统的性能和相互关系，还取决于子系统与整体系统的协调和配合。因此，我们需要从整体的角度出发，优化子系统的设计和配置，促进子系统与整体系统的协调发展。

（三）增强系统的适应性和演化能力

随着科技的飞速发展，我们生活的世界变得越来越复杂，各种系统之间的相互作用和协作变得越来越重要。首先，子系统之间的协作可以增强系统的鲁棒性。在面对外部环境的不确定性时，单个子系统可能无法独立应对，但多个子系统的协作可以形成一种强大的合力，共同应对挑战。这种协作可以促进子系统之间的信息交流和共享，使它们能够更好地适应环境变化，提高系统的整体性能。其次，子系统之间的相互作用和协作可以促进系统的自适应性演化。在面对环境变化时，系统需要能够自我调整以适应新的条件。通过子系统之间的相互作用和协作，系统可以不断地调整自身的结构和功能，以适应新的环境条件。这种自适应性演化不仅可以提高系统的性能，还可以使系统更好地应对未来的挑战。此外，子系统之间的相互作用和协作还可以促进系统的创新。在复杂系统中，子系统之间的相互作用和协作可以激发新的想法和解决方案。通过子系统之间的交流与合作，我们可以发现新的可能性，探索新的解决方案，从而推动系统的创新和发展。

(四)提高系统的可理解性和可管理性

随着科技的不断发展,现代系统变得越来越复杂,如何有效地管理和控制这些系统成为人们关注的焦点。首先,将整体系统划分为多个子系统有助于我们更清晰地了解系统的各个组成部分及其相互关系。通过这种方式,我们可以更好地理解每个子系统的功能和作用,以及它们在整个系统中的地位和作用。这样,我们就可以更好地预测和管理系统的行为,从而更好地应对各种可能出现的问题。其次,将整体系统划分为多个子系统也有助于我们针对不同的子系统进行有效的管理和控制。不同的子系统可能具有不同的特性和需求,因此我们需要采用不同的管理和控制方法。通过将整体系统划分为多个子系统,我们可以更好地了解每个子系统的特性和需求,并采用适当的管理和控制方法,从而实现更高效的管理和更优化的控制效果。此外,将整体系统划分为多个子系统还可以提高系统的可靠性和稳定性。由于每个子系统都是独立的,因此当一个子系统出现故障时,其他子系统仍然可以正常工作,从而保持整个系统的稳定性和可靠性。此外,通过将整体系统划分为多个子系统,我们还可以更容易地实现系统的升级和扩展,从而更好地满足不断变化的需求。

三、子系统研究的重要性

(一)提高系统效率

优化子系统的结构和功能对提高整体系统的效率具有重要意义。在生产与运作管理子系统时,优化生产流程和提高设备利用率是提高企业生产效率的关键措施。首先,优化生产流程可以显著提高生产效率。通过对生产流程进行分析和改进,消除浪费和瓶颈,可以降低生产成本、减少库存和提高产品质量。这不仅可以提高企业的竞争力,还可以为企业创造更多的利润。其次,提高设备利用率也是提高生产效率的重要措施。定期维护和保养设备,确保设备的正常运行和使用寿命,同时合理安排生产计划,使设备得到充分利用,可以提高设备的生产效率和企业的经济效益。

(二)增强系统的稳定性

深入理解子系统的特性和行为对于预测和应对整体系统的各种问题和挑

战确实非常重要。以农业科学技术子系统为例,其特性和行为直接影响农业生产的稳定性和可持续性。首先,气候变化是当前农业生产面临的一大挑战。农业科学技术子系统中的研究和应用,如气候适应性种植技术、节水灌溉技术等,可以帮助农民更好地应对气候变化,减少因气候异常导致的产量损失。深入研究气候变化对农作物生长的影响,可以开发出更为精准的气候预测模型,为农业生产提供更为可靠的决策依据。其次,病虫害是影响农业生产稳定性的另一个重要因素。农业科学技术子系统中的生物防治技术、病虫害监测预警系统等,有助于实现对病虫害的有效控制。通过深入研究病虫害的发生规律和传播途径,制定更为有效的防治策略,可以减少病虫害对农业生产造成的损失。

此外,农业科学技术子系统的深入研究还有助于提高农业生产的可持续性。例如,通过研究农作物的生态适应性,制定更为合理的种植结构,可以减少对生态环境的破坏;通过推广有机农业和循环农业等技术模式,降低农业生产对化肥和农药的依赖,可以提高农业生产的生态效益。

（三）促进跨领域合作与交流

子系统研究确实需要跨学科的知识和技能,因为子系统通常涉及多个领域和学科。在生态系统中,生物多样性子系统就涉及了生物学、生态学、环境科学等多个学科的知识。首先,生物学为生物多样性子系统提供了基础理论和知识框架。这包括物种的分类、生态地位、种群动态、进化等方面的知识。这些知识有助于理解生物多样性的起源、维持和变化机制。其次,生态学为生物多样性子系统提供了生态系统层面的知识和研究方法。生态学关注生物群落的结构、功能和动态,研究不同物种之间的相互作用以及它们与环境之间的相互关系。这有助于理解生物多样性与生态系统稳定性和生产力的关系。再次,环境科学为生物多样性子系统提供了全球和区域尺度的环境变化背景和影响评估。环境科学关注环境问题的根源、影响和解决方案,包括气候变化、土地利用变化、污染等方面。这有助于理解生物多样性面临的全球和区域威胁,以及如何采取有效的保护和管理措施。

（四）推动科技进步

子系统研究在科技创新中确实扮演着重要的角色。通过对子系统的深入研究,我们可以发现新的科学原理、发明新的技术、开发新的应用,从而推动科技的进步和社会的发展。首先,子系统研究有助于发现新的科学原理。在深入研究子系统的过程中,我们可能会观察到一些新的现象或规律,这些现象或规律可能揭示了新的科学原理。这些新的科学原理不仅可以增加我们对自然世界的理解,还可以为科技创新提供新的思路和方向。其次,子系统研究可以推动新技术的发明。通过对子系统的深入研究,我们可以发现现有技术的局限性,并探索新的技术解决方案。这些新技术可能具有更高的效率、更好的性能或更低的成本,从而推动相关领域的科技进步。再次,子系统研究有助于开发新的应用。随着对子系统研究的深入,我们可以发现子系统的新功能或潜在应用。这些新应用不仅可以满足人们日益增长的需求,还可以创造新的市场和就业机会,推动社会的发展和繁荣。

(五)提高决策的科学性

对子系统的深入研究,确实可以提高决策的科学性和准确性。城市规划是一个复杂的系统,涉及多个子系统,如交通、环境、经济等。对这些子系统进行深入研究,可以为城市规划提供更加科学和准确的数据支持,从而提高决策的科学性和准确性。首先,对交通子系统的深入研究可以帮助决策者更好地解决城市交通问题。通过对交通流量、道路网络、公共交通等方面的研究,可以了解城市交通的现状和问题,预测未来的交通需求,从而制订更加合理的交通规划方案。这有助于缓解交通拥堵、提高交通效率、减少环境污染。其次,对环境子系统的研究可以帮助决策者更好地保护城市环境。通过对城市生态系统、环境污染、气候变化等方面的研究,了解城市环境的质量和状况,可以评估环境风险和影响,从而制定更加有效的环境保护措施。这有助于提高城市居民的生活质量,保障生态安全和促进可持续发展。再次,对经济子系统的研究可以帮助决策者更好地促进城市经济发展。通过对城市产业布局、经济发展趋势、市场需求等方面的研究,了解城市经济的现状和潜力,可以制定更加合理的发展战略和政策。这有助于吸引投资、促进创新、扩大就业,推动城市的繁荣和进步。

四、存在的问题

(一)技术复杂性

随着科技的不断发展,子系统研发已成为现代工业中不可或缺的一部分。

这项工作往往涉及众多技术领域和专业知识,技术复杂性较高,因此对研发团队的要求也相当高。他们不仅需要具备深厚的专业知识,还需要具备一定的跨学科的知识和技能,以便更好地理解和解决技术难题。首先,子系统研发涉及许多不同的技术领域,如机械、电子、软件、算法等。这些领域的知识相互交织,形成一个复杂的技术网络。研发团队需要在这个网络中游刃有余,才能更好地理解和解决各种技术难题。因此,他们必须具备广泛的技术知识和经验,以便在需要时能够迅速调用相关知识和技能。此外,子系统研发还需要研发团队具备一定的跨学科知识和技能。这是因为子系统是一个高度集成和高度复杂的产品,它涉及许多不同的功能和系统。为了确保子系统的性能和稳定性,研发团队需要了解其他领域的知识,如人机交互、安全、环境适应性等。这些知识可以帮助他们更好地理解用户需求,设计出更符合用户期望的产品。

在解决技术难题方面,跨学科的知识和技能同样重要。由于子系统研发涉及许多不同的技术和专业领域,因此常常会遇到各种技术难题。这时,研发团队需要运用他们的跨学科知识和技能,从多个角度分析和解决问题。他们需要具备批判性思维和创新能力,以便在面对挑战时能够迅速找到解决方案。

(二)组织协同困难

子系统研发作为一个复杂且跨学科的过程,往往涉及多个部门和多方利益相关者,组织协同是关键。然而,这个过程中由于各部门间的利益诉求和目标可能存在差异,协同工作可能会面临诸多困难。首先,不同的部门可能在研发过程中的优先级和关注点存在差异。例如,研发部门可能更关注技术的先进性和可行性,而质量部门则可能更关注产品的质量和稳定性。这种差异可能导致部门间的沟通困难,影响协同工作的效果。其次,各部门间的沟通机制和流程也可能存在问题。例如,如果缺乏有效的沟通渠道或沟通方式不合适,或者各部门之间的信息传递不及时、不准确,都可能导致协同工作出现混乱。此外,利益相关者的多样性也可能成为协同工作的障碍。不同的利益相关者可能有不同的利益诉求和目标,这可能导致他们在决策过程中产生分歧,影响整个研发过程的顺利进行。

为了解决这些问题,我们需要建立有效的协同机制。首先,建立跨部门的沟通渠道和流程,确保信息传递的及时性和准确性。其次,加强各部门之间的合作和交流,增进相互理解和信任。此外,引入第三方协调或利益均衡机制也是解决利益冲突的有效手段。

(三) 资源限制

子系统研发是一个复杂且耗资的过程,需要投入大量的人力、物力和财力资源。在这个过程中,研发团队需要不断地进行各种实验、测试和调整,以确保子系统的质量和性能达到预期的标准。然而,随着研发工作的不断推进,资源问题也逐渐凸显出来。首先,人力是研发过程中最关键的资源之一。研发团队需要具备各种专业技能人才,如软件工程师、硬件工程师、测试工程师等。然而,由于人才市场的竞争激烈,团队成员的流失率也相对较高,这无疑增加了人力资源的投入成本。如何吸引和留住优秀的人才,成为研发团队需要认真考虑的问题。其次,物力资源也是研发过程中不可或缺的一部分。从硬件设备到软件工具,再到研发过程中的各种消耗品,都需要投入大量的资金。然而,物力资源的有限性也给研发团队带来了挑战。如何在有限的资源条件下最大限度地发挥资源的效用,成了一个亟待解决的问题。最后,财力资源也是研发过程中需要考虑的一个重要方面。无论是人力和物力的投入,还是研发过程中的各种开销,都需要充足的资金支持。然而,资金的有限性也给研发团队带来了压力。如何合理分配和使用资金,确保研发工作的顺利进行,成了一个需要认真思考的问题。

(四)进度控制困难

子系统研发的进度控制是一个复杂且关键的任务,因为它往往受到多种因素的影响。这些因素可能包括技术难题、资源投入、团队协作等。技术难题是其中最关键的因素,因为它可能会阻碍研发团队的前进步伐,甚至可能导致项目停滞不前。资源投入是影响研发进度的重要因素。如果研发团队没有足够的资源,如人力、物力或财力,那么他们可能无法按照预期的速度推进项目。此外,团队协作也是影响研发进度的重要因素。如果团队成员之间存在沟通障碍或协作不畅,那么项目进度可能会受到严重影响。这些因素的综合作用使得进度控制变得困难,并且可能导致项目延期或质量下降。项目延期可能会给公司带来经济损失,因为公司可能需要支付额外的费用来弥补延期的损失。此外,项目延期还可能影响公司的声誉和客户信任度。质量下降是进度控制困难可能带来的后果之一。如果项目质量无法达到预期标准,那么公司可能需要花费更多的时间和资源来修复问题,这也会给公司带来额外的经济负担。

(五)缺乏标准化和模块化

在子系统研发过程中,标准化和模块化这两个关键因素的重要性不容忽视。如果缺乏标准化和模块化,可能会引发一系列问题,包括技术复用性差、系统集成难度大等。这些问题不仅会增加研发成本,而且可能会对产品的质量和稳定性产生严重影响。首先,标准化是实现技术复用和系统集成的基础。标准化意味着各种组件、设备和功能都有明确的标准和规范,使得不同的系统或子系统可以相互兼容,从而实现技术的复用。如果缺乏标准化,不同的系统或子系统可能采用不同的技术规格和标准,导致无法实现有效的技术复用,增加了研发的复杂性。其次,模块化是提高系统集成效率和降低成本的关键。模块化意味着将复杂的系统或子系统分解为更小的、可重复使用的模块。这样,在需要集成新的系统或子系统时,只需将相关的模块进行组合即可,大大降低了系统集成的难度和成本。如果缺乏模块化,整个系统的开发需要从头开始,不仅耗时费力,而且成本高昂。标准化和模块化在子系统研发过程中起着至关重要的作用。如果能够实现标准化和模块化,不仅可以提高技术复用性,降低系统集成难度,还可以有效控制研发成本,提高产品的质量和稳定性。

第二节　推广服务子系统的优化

一、数据采集和分析

随着信息技术的快速发展,服务器已成为企业运营中不可或缺的一部分。为了确保服务器的稳定运行和性能,使用像 Cacti、Nagios、Zabbix 等监控工具进行数据采集和性能监测分析是非常重要的。这些工具能够实时收集服务器的各种数据,如 CPU 使用率、内存使用情况、磁盘读写速度等,并通过图表、报告等形式展示出来,帮助我们及时发现潜在问题,并采取相应的措施进行解决。除了使用专业的监控工具外,Linux 系统自带的一些监控性能的命令如vmstat、iostat、mpstat、sar 等也是非常实用的。这些命令可以提供关于系统状态的关键信息,如 CPU 使用情况、内存使用情况、磁盘 I/O、网络流量等。通过定期执行这些命令,我们可以了解服务器的整体运行状况,及时发现异常情况,并采取相应的措施进行优化。

在进行服务器监控时,需要注意以下几点:首先,监控数据的准确性是非常重要的,因此需要确保监控工具和命令的正确配置和使用;其次,监控数据需要定期进行分析和解读,以便及时发现潜在问题;最后,对于一些关键指标,需要制定相应的阈值和报警机制,以便在问题发生时能够及时响应和处理。在实践中,我们还可以结合其他工具和技术来提高监控效果。例如,使用日志分析工具可以提供关于系统运行状况的详细信息,帮助我们更好地了解服务器的性能和稳定性。同时,利用人工智能和机器学习技术可以对监控数据进行更深入的分析和预测,提高问题发现和解决的效率。

二、了解客户需求

随着市场竞争的日益激烈,售后服务系统的重要性日益凸显。一个优秀的售后服务系统不仅可以帮助企业提高客户满意度,还能为企业带来更多的商机和市场份额。然而,优化售后服务系统的关键在于深入了解客户需求。首先,企业需要收集和分析客户数据。这包括客户的购买行为、服务历史和投诉记录等。通过这些数据,企业可以深入挖掘客户的需求和偏好,为客户提供更加个性化的服务。例如,企业可以根据客户的购买行为,推荐适合他们的产品或服务;根据服务历史,提供针对性的解决方案;根据投诉记录,及时解决客户问题并提高服务质量。其次,企业需要建立有效的数据收集和分析系统。这需要企业采用先进的数据采集和分析技术,如大数据、人工智能等。这些技术的应用可以帮助企业更快地收集和分析数据,提高数据的质量和准确性,从而更好地满足客户需求。

此外,企业还需要加强与客户的沟通与互动。通过建立良好的客户关系,企业可以更好地了解客户的需求和反馈,及时解决客户问题,提高客户满意度。同时,企业还可以通过社交媒体、电子邮件等方式与客户保持联系,提供个性化的关怀和服务,增强客户的忠诚度。最后,企业需要不断优化售后服务系统,并根据市场变化和客户需求的变化进行调整。这需要企业不断关注市场动态,收集和分析客户反馈,及时调整服务策略和产品策略,以满足客户需求的变化。

三、建立专业的售后服务团队

随着市场竞争的加剧,企业越来越重视售后服务的质量。优秀的售后服务不仅能提升客户满意度,还能增强企业的品牌形象。因此,建立专业的售后服务团队,需要注意以下几个方面:

明确招聘对象:应具备相关专业背景和技能的售后服务人员。

确定培训内容:企业将为新员工提供全面的培训,包括产品知识、服务流程、沟通技巧、客户关系管理等。培训将采用线上和线下相结合的方式,确保新员工能够全面掌握相关知识,提升服务技能。

建立高效售后服务流程:企业将建立一套高效的售后服务流程,确保客户的问题能够得到及时解决。企业将设立专门的客户服务中心,为客户提供24小时的服务热线和在线咨询。客户服务中心将配备专业的客服团队,确保客户的问题能够得到及时、专业的解答。此外,企业还将定期收集客户反馈,以便不断优化服务流程,提高客户满意度。

客户服务的重要性:优质的客户服务不仅能提升客户满意度,还能增强企业的品牌形象。因此,企业将建立完善的客户服务体系,为客户提供全方位的服务支持。

四、采用先进的售后服务技术

随着科技的不断发展,智能客服系统、呼叫中心系统、知识库系统等技术已经广泛应用于各行各业,为提高售后服务的效率和质量提供了强有力的支持。首先,智能客服系统在售后服务中的应用越来越广泛。它可以根据用户的问题,自动识别关键词,提供相应的回答,大大提高了服务效率。同时,智能客服系统还可以根据用户反馈,不断优化自身的回答,提高回答的准确性和针对性。此外,智能客服系统还可以与呼叫中心系统相结合,实现自动应答和人工客服的协同工作,进一步提高服务效率和质量。其次,呼叫中心系统在售后服务中也发挥着重要的作用。它可以通过电话、短信、邮件等多种方式,为用户提供全天候的服务支持。呼叫中心系统可以通过数据分析和挖掘,了解用户的需求和反馈,为售后服务提供更加精准的指导。同时,呼叫中心系统还可以与其他系统进行集成,实现数据共享和信息互通,进一步提高服务效率和质量。最后,知识库系统在售后服务中也发挥着重要的作用。它可以将企业积累的知识和经验进行整合和存储,形成一套完整的知识库体系。当用户遇到类似问题时,可以通过知识库系统快速找到解决方案,大大提高了解决问题的效率。同时,知识库系统还可以不断更新和优化,提高知识的准确性和时效性。

五、定期维护和升级售后服务系统

在现代企业中,子系统是维持整个系统高效运行的关键组成部分。为了确保企业的各项业务能够顺利开展,对子系统进行定期的维护和升级是非常必要的。这样做不仅可以确保子系统的稳定运行,还可以提高系统的性能和可靠性,从而为企业带来更多的商业价值。首先,定期的维护工作是必不可少的。这包括检查子系统的各项功能是否正常,是否有任何潜在的问题或故障。通过定期的维护,可以及时发现并修复潜在的问题,从而避免问题或故障对整个系统造成更大的影响。此外,维护工作还可以确保子系统的硬件和软件组件得到适当的维护和更新,以确保子系统能够适应不断变化的环境和需求。其次,升级是维护的重要一环。随着技术的不断进步和需求的不断变化,子系统也需要不断升级以适应新的环境和需求。升级不仅可以提高子系统的性能和可靠性,还可以增加新的功能和特性,从而为企业带来更多的商业价值。此外,升级还可以确保子系统与最新的安全标准保持一致,从而降低安全风险。在执行维护和升级工作时,需要注意一些关键点。首先,需要制订详细的计划和时间表,以确保工作能够按时完成。其次,需要选择可靠的供应商和服务商,以确保维护和升级工作能够得到妥善处理。最后,需要与相关团队密切合作,以确保整个过程能够顺利进行。

六、确定子系统的优化目标

在当今信息化社会,各种系统、软件和设备的应用越来越广泛,为了提高这些系统的性能和效率,优化则成为非常重要的一环。根据不同的优化目标,我们可以采取不同的优化方法和策略。首先,提高子系统的响应速度是一个常见的优化目标。为了达到这个目标,我们可以采取一些技术手段,如优化算法、改进数据结构、减少网络延迟等。此外,我们还可以考虑增加硬件资源或优化系统配置,以提高系统的处理能力和响应速度。其次,降低子系统的资源消耗也是一个重要的优化目标。这包括减少内存、CPU、磁盘和网络等资源的占用。可以通过优化算法和数据结构、使用更有效的算法、减少不必要的计算和通信等方式来实现这一目标。此外,还可以考虑使用更高效的硬件设备或调整系统配置,以充分利用现有资源。除了响应速度和资源消耗外,提高子系统的可靠性也是一个重要的优化目标。为了实现这一目标,我们可以采取一些预防性和恢复性措施,如增加冗余资源、实施容错机制、定期进行系统维护和备份等。这些措施可以提高系统的稳定性和可用性,减少故障和数据丢失的风险。

第三节　农业技术应用子系统的优化

一、数据采集和分析

随着物联网技术的不断发展,我们现在已经可以实时采集农田的各种数据,包括温度、湿度、光照和土壤养分等。这些数据对于了解农田的生长状况,预测作物产量,以及制定合理的农业管理策略至关重要。通过物联网技术,我们可以将这些数据实时传输到云端或移动设备上,以便用户可以随时随地查看和分析。在精准农业领域,这些实时采集的数据可以与气象数据相结合,进行深入分析。气象数据可以提供农田所在地区的气候条件,如温度、湿度、风速和降雨量等。这些数据对于预测作物生长和水分需求至关重要。通过分析这些数据,我们可以了解农田在不同季节和不同天气条件下的生长状况,从而制定更加精准的农业管理策略。

此外,物联网技术还可以帮助我们实现农田的自动化管理。例如,我们可以使用传感器和控制器来监测土壤水分和养分含量,并根据需要自动浇水或施肥。这不仅可以提高农作物的产量和质量,还可以节省人力和时间成本。通过物联网技术,我们可以实现农田的智能化管理,提高农业生产效率,促进农业可持续发展。

物联网技术为精准农业提供了强大的决策支持。通过实时采集农田数据并结合气象数据进行分析,我们可以更好地了解农田的生长状况,预测作物产量,制定更加合理的农业管理策略。这不仅可以提高农业生产效率,还可以为农民带来更高的收益和更好的生活质量。因此,物联网技术在农业领域的应用前景非常广阔,值得我们进一步探索和推广。

二、智能化决策

随着科技的不断发展,人工智能和机器学习技术已经逐渐渗透到各个领域,其中包括农业领域。通过利用这些先进的技术,我们可以对采集的数据进行深度学习,从而预测作物生长情况,制订最优的种植方案,提高产量和质量。

首先,我们需要采集大量的数据。这些数据可以包括土壤湿度、温度、光照、养分含量、作物生长状态等信息。通过使用传感器、无人机等设备,我们可以实时采集这些数据,并将其传输到计算机中进行处理和分析。这些数据不仅可以帮助我们了解作物的生长情况,还可以为我们提供种植方案制订的依据。其次,我们需要利用人工智能和机器学习技术对采集的数据进行深度学习。这些技术包括深度学习算法、神经网络等。通过这些算法,我们可以对大量数据进行学习,从而发现数据中的规律和模式,进而预测作物生长情况。同时,这些算法还可以根据历史数据和实际情况,自动调整种植方案,以达到最优的效果。在预测作物生长情况的基础上,我们可以制订最优的种植方案。这些方案包括但不限于选择合适的种子、肥料、灌溉方式、种植密度等。通过人工智能和机器学习的帮助,我们可以根据作物的生长情况和环境因素,制订出更加科学、合理的种植方案。这些方案不仅可以提高作物的产量和质量,还可以降低种植成本和风险。最后,我们需要在实际种植中应用这些方案。这需要我们与农民、农业企业等合作,共同推进农业现代化进程。在这个过程中,我们还需要不断收集反馈数据,对种植方案进行调整和优化,以适应不断变化的环境和需求。

利用人工智能和机器学习技术对采集的数据进行深度学习,预测作物生长情况,制订最优的种植方案,可以提高产量和质量,降低成本和风险,为农业现代化进程注入新的动力。因此,我们应该积极探索和应用这些先进的技术,推动农业领域的创新和发展。

三、精准农业技术

随着科技的不断发展,人们对于农业生产的效率和质量要求也越来越高。为了满足这一需求,利用卫星遥感、无人机、传感器等先进技术,已经成为现代农业发展的重要趋势。这些技术的应用,不仅可以提高农作物的产量和质量,还可以减少化肥和农药的使用量,对环境友好,同时也可以降低农业生产成本,提高农民的收益。首先,卫星遥感技术可以对农田进行大面积的监测,通过分析土壤水分、养分、病虫害等信息,为精准施肥提供科学依据。通过遥感技术,可以实时监测土壤的变化情况,根据土壤的实际情况进行施肥。这种施肥方式不仅可以提高肥料的利用率,减少化肥的浪费和流失,从而降低农业生产成本。同时,精准施肥还可以减少化肥对土壤和水源的污染,保护生态环境。其次,无人机技术可以广泛应用于农田灌溉中。通过无人机搭载传感器,可以实时监测农田的水分情况,根据实际情况进行精准灌溉。这样可以避免过度灌溉造成的水资源浪费和环境污染,同时也可以提高农作物的生长环境,促进农作物的健康生长。此外,无人机还可以在恶劣天气下进行作业,如暴雨、暴雪等天气条件下,无人机可以及时进行灌溉作业,保障农作物的生长。

此外,传感器技术也可以在喷药环节发挥重要作用。通过在喷雾器上安装传感器,可以实时监测喷雾的浓度和喷洒情况。这种技术可以避免过量使用农药对环境和农作物造成危害,同时也可以提高喷药效率,减少喷药时间。此外,传感器技术还可以与其他技术相结合,如无人机技术、卫星遥感技术等,实现更精准的喷药作业,进一步提高农作物的产量和质量。

利用卫星遥感、无人机、传感器等技术手段,可以实现精准施肥、精准灌溉、精准喷药等操作。这些技术的应用不仅可以提高农业生产效率和质量,还可以减少化肥和农药的使用量,降低农业生产成本和环境污染。随着这些技术的不断发展和完善,相信现代农业将会迎来更加美好的未来。

四、农业无人机技术

随着科技的不断发展,无人机在农业领域的应用越来越广泛,它们在农田巡查、病虫害防治、播种、施肥等多个环节中发挥着重要作用,为农业生产带来了极大的便利和效益。

首先,无人机在农田巡查方面发挥了重要作用。传统的农田巡查需要耗费大量的人力和时间,而且很难全面覆盖整个农田区域。而无人机可以快速、高效地飞越整个农田,发现潜在的问题,如杂草生长、作物受损等,并及时采取相应的措施。这不仅可以提高监测效率,还可以减少人力成本。此外,无人机还可以通过搭载高清摄像头和传感器,对农田进行实时监测,为农业科学家提供宝贵的数据,帮助他们更好地了解作物的生长情况,从而制订更加科学合理的种植计划。同时,无人机还可以帮助农民及时发现作物生长中的问题,如营养不良、病虫害等,从而采取相应的措施,确保作物的健康生长。其次,无人机在病虫害防治方面也有着出色的表现。传统的病虫害防治需要人工喷洒农药,不仅劳动强度大,而且存在一定的安全隐患。而无人机可以通过搭载高清摄像头和传感器,对农田进行实时监测,发现病虫害的早期迹象,并制定相应的防治措施。再次,无人机还可以精确控制农药的使用量和喷洒时间、位置,减少农药的使用量,降低环境污染,提高防治效率。同时,无人机还可以在恶劣天气条件下进行作业,如大风、暴雨等,确保农作物的生长不受影响。最后,无人机还具有智能化的防治系统,可以根据作物的生长情况、土壤肥力等因素进行智能防治,进一步提高农作物的生长质量。

此外,无人机在播种和施肥方面也具有很大的优势。无人机可以通过精确控制播种和施肥的量、时间和位置,提高农作物的生长效率和产量。同时,无人机还可以根据天气、土壤等因素进行智能播种和施肥,进一步提高农作物的生长质量。

无人机在农业领域的应用已经成为现代农业发展的重要趋势之一。随着无人机的技术不断进步和应用范围的扩大,相信它们将在未来的农业生产中发挥更加重要的作用。这将为农业现代化发展提供有力支持,同时也将为农民带来更多的收益和便利。

五、农业大数据技术

随着科技的不断发展,大数据技术已经成为现代农业发展的重要工具。大数据技术以其强大的数据挖掘和分析能力,为农业生产提供了科学决策的支持,使得农业生产更加智能化、精细化和科学化。

首先,大数据技术可以帮助我们更好地了解农业生产的全貌。通过对历史数据的分析,我们可以了解各种农作物在不同季节、不同地区的生长情况,以及气候、土壤等因素对农业生产的影响。这些信息可以帮助我们制订更加科学合理的农业生产计划,提高农作物的产量和质量。同时,大数据技术还可以帮助我们预测未来的农业生产情况。通过对未来气候、土壤等因素的预测,我们可以提前制定应对措施,避免不利因素的影响,提高农作物的抗灾能力。此外,大数据技术还可以帮助我们深入了解农作物的生长规律和病虫害的发生规律,为农业生产提供更加科学的决策依据。通过这些规律的分析,我们可以更好地掌握农作物的生长特点,从而进行针对性的管理和养护,进一步提高农作物的产量和品质。其次,大数据技术可以实现农业生产的数据化管理。通过对生产过程中的各种数据进行分析和整合,我们可以实现生产过程的智能化和自动化,提高生产效率和质量。同时,大数据技术还可以帮助我们实现农业生产的精细化管理,对每个环节进行精细化的控制和管理,确保生产过程的规范化和标准化,提高农作物的产量和品质。此外,大数据技术还可以帮助我们实现农业资源的优化配置,合理分配资源,提高农业生产的可持续性。

在推广和应用大数据技术的过程中,我们需要注重人才培养和技术创新。只有具备了足够的专业知识和技能,才能更好地应用大数据技术,推动现代农业的发展。同时,我们也需要不断探索新的技术和方法,提高大数据技术的实用性和可靠性,为现代农业的发展提供更加有力的支持。

推广和应用大数据技术对于现代农业的发展具有重要意义。通过大数据技术,我们可以更好地了解农业生产的全貌和未来发展趋势,为农业生产提供更加科学合理的决策支持。同时,大数据技术还可以推动农业生产的数据化管理、精细化和资源优化配置的实现。因此,我们应该积极推广和应用大数据技术,为现代农业的发展贡献力量。

六、农业物联网技术

随着科技的不断发展,物联网技术已经逐渐渗透到各个领域,农业生产也不例外。物联网技术以其独特的优势,为农业生产带来了革命性的变革,为农业可持续发展注入了新的动力。传统的农业生产方式往往需要人力物力的大量投入,而且受天气、环境等因素的影响较大,生产效率难以得到有效保障。而物联网技术的应用,可以让我们实现对农田的实时监控和管理,从而更好地掌握农田的生长状况,及时调整种植策略,提高农作物的产量和质量。

首先,物联网技术可以通过传感器和摄像头等设备,实时监测农田的温度、湿度、光照、土壤养分等数据。这些数据可以实时传输到互联网上,我们就可以随时随地了解农田的生长情况。通过这些数据,我们可以根据实际情况调整种植策略,确保农作物得到最佳的生长环境。同时,这些数据还可以为我们提供重要的参考依据,帮助我们更好地了解农田的生长规律,为未来的种植决策提供有力支持。其次,物联网技术可以实现远程管理。我们可以通过手机、电脑等设备,随时随地查看农田的数据,并根据数据的变化做出相应的决策。这样,我们可以节省大量的人力物力,提高生产效率。同时,我们还可以根据数据的变化,提前预警可能出现的问题,及时采取措施解决,避免损失的扩大。此外,物联网技术还可以为我们提供更加精准的农业服务。例如,根据环境的变化,物联网技术可以自动调整农作物的生长环境,提高农作物的抗逆性。最后,物联网技术的应用还可以提高农作物的抗病抗灾能力。通过实时监测农田的生长情况,我们可以及时发现病虫害等问题,并采取相应的措施进行防治。同时,物联网技术还可以通过智能化的管理方式,为农作物提供更加适宜的生长环境,从而提高农作物的抗病抗灾能力。

物联网技术的应用为农业生产带来了巨大的变革。通过实现远程监控和管理,我们可以更好地掌握农田的生长情况,提高生产效率,为农业可持续发展注入新的动力。同时,物联网技术的应用还可以促进农业现代化的发展进程,提高农业生产的质量和效益。因此,我们应该积极推广和应用物联网技术,为农业发展注入更多的科技力量。

七、农业生物技术

随着科技的不断发展,基因编辑技术、生物肥料等新兴技术已经逐渐被应用于农业领域,为作物品种改良提供了新的途径。这些新兴技术的应用,不仅为农业带来了新的发展机遇,也为人们提供了更加安全、健康、优质的农产品。

首先,基因编辑技术是一种能够精确地编辑生物基因组的技术。它能够根据人类的需要,对作物品种进行基因的精确修改。通过基因编辑技术,我们可以改变作物的遗传特性,使其更加适应环境变化,提高抗病、抗虫、抗旱等能力。同时,基因编辑技术还可以提高作物的营养价值,使其富含对人体有益的成分,从而满足人们对健康食品的需求。此外,基因编辑技术还可以通过消除一些有害基因突变,提高作物的抗逆性,减少农药的使用量,降低环境污染。其次,生物肥料作为一种新型肥料,具有环保、高效、安全等优点。它能够通过微生物的分解作用,将有机废弃物转化为植物所需的营养物质。

将基因编辑技术和生物肥料等技术相结合,可以更好地改良作物品种,提高农产品的质量和安全性。通过这些技术的综合应用,我们可以培育出更加优质、高产、抗病、抗虫、抗旱等具有优良特性的作物品种。这些技术的应用还可以促进农业可持续发展,提高农业生产的效益和效率,为农民带来更多的收益。此外,这些新兴技术的应用还可以带动相关产业的发展,创造更多的就业机会,促进经济的增长。

八、农业机械自动化技术

随着科技的不断发展,自动化技术已经广泛应用于各个领域,包括农业机械的操作。利用自动化技术,可以实现农业机械的自动化操作,从而提高农业生产效率,为农民带来更多的收益。首先,自动化技术可以大大减少人工操作的成本和时间。传统的农业机械操作需要人工操作员长时间地看守机械,并且需要不断地调整机械的位置和角度,以确保机械能够正常工作。而自动化技术通过自动控制机械的运动轨迹和操作,能够实现机械的自动化运行,从而大大减少人工操作的时间和成本。这不仅降低了劳动强度,也提高了工作效率。其次,自动化技术可以提高农业机械的工作效率和精度。传统的农业机械操作往往受到环境因素的影响,如天气、土壤湿度等。这些因素会影响机械的工作效率和精度。而自动化技术通过自动识别环境因素的变化,并自动调整机械的工作参数,从而保证了机械的高效、精确地工作。这不仅提高了农业生产效率,也保证了农产品的质量和产量。

此外,自动化技术还可以提高农业机械的智能化程度。通过引入传感器、控制器等设备,自动化技术可以实现农业机械的智能化控制,从而更好地适应各种复杂的农业生产环境。同时,自动化技术还可以实现农业机械的远程监控和故障诊断,及时发现和处理机械故障,保证机械的正常运行。这不仅提高了农业机械的可靠性,也降低了维修成本。

自动化技术在农业领域的应用前景非常广阔。随着科技的不断发展,相信自动化技术将在未来的农业生产中发挥越来越重要的作用。因此,我们应该积极探索和应用自动化技术,推动农业现代化进程,为农民带来更多的收益和便利。

九、农业信息化技术

随着科技的不断发展,信息化技术已经深入到各个领域,农业也不例外。为了更好地服务农民,提高农业生产效益,利用信息化技术建立农业信息服务平台已成为一种趋势。

首先,政策信息是农民最为关心的问题之一。政策的变化直接影响着农民的生产活动,因此,农民需要随时了解国家政策的变化,及时调整自己的生产计划。农业信息服务平台恰好满足了这一需求。农民可以通过平台随时了解国家政策的变化,避免因政策变化带来损失。同时,服务平台还可以提供地方政策信息,帮助农民了解当地的扶持政策,为自己的生产活动争取更多的支持。例如,一些地方可能会提供资金支持、税收优惠、技术指导等政策,农民通过平台可以及时了解到这些信息,从而更好地利用这些政策资源,提高自己的生产效益。其次,技术信息也是农民非常需要的。在农业生产过程中,农民需要不断学习新的种植技术、养殖技术、病虫害防治技术等,以不断提高自己的生产水平。农业信息服务平台可以提供各种技术信息,包括专家在线指导、技术培训视频、技术资料下载等。这些信息可以帮助农民更好地掌握各种实用技术,提高生产效益。此外,服务平台还可以提供一些新的科研成果和新技术,帮助农民在农业生产中引入新的技术和方法,提高生产效率和产品质量。

此外,市场信息也是农业信息服务平台的重要内容之一。农民在生产过程中需要了解市场需求,根据市场需求调整自己的生产计划。农业信息服务平台可以提供各种市场信息,包括农产品价格走势、市场需求预测、竞争对手分析等。这些信息可以帮助农民更好地把握市场动态,提高市场竞争力。同时,服务平台还可以提供一些国际贸易信息和国际市场动态,帮助农民了解国际市场的需求和趋势,为自己的出口业务提供更多的机会和可能性。

农业信息服务平台可以为农民提供更加全面、及时、准确的信息服务,帮助农民更好地了解政策、掌握技术、把握市场,提高农业生产效益。同时,也可以为农业管理部门提供更加科学、准确的决策依据,推动农业现代化进程。因此,建立农业信息服务平台是一项非常有意义的举措,对于促进农业发展、提高农民收入、推动乡村振兴具有重要意义。

十、农业生态环保技术

随着社会经济的发展,农业污染问题日益严重,给生态环境带来了巨大的压力。为了实现农业的可持续发展,我们需要采取一系列措施,利用生态环保技术,减少农业对环境的污染和破坏。

首先,我们需要推广生态农业技术。这包括有机肥料的使用、生物防治病虫害、合理使用农药等。同时,我们还需要加强农业废弃物的资源化利用,如秸秆还田、畜禽粪便的堆肥处理等,减少废弃物的排放和污染。这些措施不仅可以提高农业生产的效率,同时也可以保护环境,实现农业和环境的双赢。其次,我们需要加强农业环保法律法规的制定和执行。通过制定严格的环保标准,加强对农业污染的监管和处罚力度,提高违法成本,让违法者付出应有的代价。同时,我们还需要加强环保宣传教育,增强农民的环保意识和环保行为。只有让农民真正认识到环保的重要性,才能让他们自觉地参与到环保行动中来。最后,我们需要加强农业生态系统的保护和修复。通过建立生态保护区、湿地保护区等,保护和恢复农业生态系统,提高生态系统的自我修复能力。同时,我们还需要加强对农业生态系统的监测和管理,及时发现和处理农业污染问题。这需要我们投入大量的人力和物力资源,但只有这样,才能确保农业生态环境的健康和可持续发展。

利用生态环保技术,减少农业对环境的污染和破坏,实现农业的可持续发展是一项长期而艰巨的任务。这需要我们全社会共同努力,加强政策引导、技术支持和宣传教育,推动农业绿色发展。同时,我们还需要加强国际合作和交流,借鉴其他国家的成功经验和技术成果,为建设美丽中国、实现中华民族伟大复兴的中国梦做出贡献。只有这样,我们才能实现农业的可持续发展,为我们的子孙后代留下一个更加美好的生态环境。

参 考 文 献

[1]吴玉转.乡村振兴战略的创新及时代价值研究[D].华南理工大学,2020.

[2]张宏伟,仝红亮.乡村振兴战略下农业产业链金融发展存在的问题及优化路径[J].西南金融,2021.

[3]魏文松.乡村振兴战略下农民受教育权保障研究[J].广西社会科学,2021.

[4]秦健.以科技创新助力河南乡村振兴[J].领导科学,2021.

[5]蒋军成,陈显亮.乡村振兴战略下创新人才成长的"五链"融合路径研究[J].广西社会科学,2021.

[6]马春艳,龚政,李谷成.政府支持、FDI与农业技术创新——基于产出与效率的双重视角[J].农林经济管理学报,2020.

[7]田浩国,杨令,薛原,等.乡村振兴战略下小农户融入现代农业发展研究[J].云南农业大学学报(社会科学),2019.

[8]马秀娟.乡村振兴视域下农业经济管理的优化策略研究[J].农业开发与装备,2020.

[9]孙超.二阶段视角下城市化对城市创新效率影响分析[D].浙江师范大学,2020.

[10]孙振清,李欢欢,刘保留.中国东部沿海四大城市群协同创新效率综合测度及影响因素研究[J].科技进步与对策,2020.

[11]万鹏,熊涛,付小燕.乡村振兴战略的农业科技创新支撑研究——以江西省农业科学院为例[J].安徽农业科学,2020.

[12]蒋雨东.凉山州科技创新与乡村产业振兴耦合协调研究[D].西南科技大学,2021.

[13]周宇翔.乡村振兴背景下农业技术推广模式研究[D].江西财经大学,2020.

[14]刘云香.试析互联网在农业经济发展中的作用[J].山西农经,2022.

[15]李丽.论互联网在农业经济发展中的作用[J].中国市场,2023.

［16］徐越倩,李拓,陆利丽.科技金融结合试点政策对地区经济增长影响研究：基于科技创新与产业结构合理化的视角［J］.重庆大学学报（社会科学版）,2021.

［17］张晓莉,张露文,孙琪琪."双循环"下科技金融对企业全要素生产率的影响——基于国家科技金融试点政策的准自然实验［J］.金融理论与实践,2023.

［18］刘亦文,周韶成,陈熙钧.科技金融发展对企业绿色创新的影响研究［J］.财经理论与实践,2022.

［19］郑石明,伍以加,邹克.科技和金融结合试点政策有效吗？——基于双重差分法的研究［J］.中国软科学,2020.

［20］冯锐,马青山,刘传明.科技与金融结合对全要素生产率的影响——基于"促进科技和金融结合试点"准自然实验的经验证据［J］.科技进步与对策,2021.

［21］王文倩,张羽.金融结构、产业结构升级和经济增长——基于不同特征的技术进步视角［J］.经济学家,2022.

［22］李珊,湛泳.产业转型升级视角下智慧城市建设的碳减排效应研究［J］.上海财经大学学报,2022.

［23］成海燕,徐治立,张辉.科技金融政策促进科技企业发展的资源配置效率研究:来自北京市的实证调查［J］.科技进步与对策,2020.

［24］张驰,王满仓.科技金融对城市产业结构升级的影响研究——基于"促进科技和金融结合试点"政策的准自然实验［J］.经济问题探索,2023.

［25］李本庆,岳宏志.数字经济赋能农业高质量发展:理论逻辑与实证检验［J］.江西财经大学学报,2022.

［26］周清香,李仙娥.数字经济与农业高质量发展:内在机理与实证分析［J］.经济体制改革,2022.